OEUVRES

COMPLÈTES

DE BERQUIN.

9

PARIS, IMPRIMERIE DE E. POCHARD,
RUE DU POT-DE-FER, N° 14.

Qu'est-ce donc ma chère amie, qu'as-tu tant à pleurer?

OEUVRES
COMPLÈTES
DE BERQUIN

NOUVELLE ÉDITION

REVUE ET CORRIGÉE

PAR M. F. RAYMOND

AVEC UNE NOTICE SUR BERQUIN

PAR

M. BOUILLY

Auteur des *Conseils à ma Fille*, etc.

Ornée de quarante jolies Gravures.

LE LIVRE DE FAMILLE.

PARIS

MASSON ET YONET, LIBRAIRES,

RUE HAUTEFEUILLE, N° 14.

1829

LE LIVRE DE FAMILLE.

L'OBÉISSANCE.

Mme DE VERTEUIL, PAULINE, sa fille.

PAULINE.

Maman, pourquoi faut-il donc que les enfans obéissent aux grandes personnes?

Mme DE VERTEUIL.

C'est que les enfans ne savent pas encore ce qui peut leur faire du bien ou du mal, et qu'il leur arriverait à chaque instant des accidens fâcheux, si les grandes personnes qui les entourent n'étaient sans cesse occupées à les en garantir. Ne te souviens-tu pas de ce qui arriva l'autre jour au pauvre Alexandre, pour avoir voulu jouer avec la bougie?

PAULINE.

Oui, maman, je me le rappelle très-bien.

Mme DE VERTEUIL.

La petite flamme lui paraissait si jolie, qu'il voulut la toucher. J'eus beau lui dire que cela lui ferait mal, Alexandre ne fut pas obéissant : et qu'en arriva-t-il ?

PAULINE.

Il prit la flamme dans ses petites mains, et il se brûla. Le pauvre Alexandre ! je crois encore l'entendre crier.

Mme DE VERTEUIL.

N'aurait-il pas mieux valu pour lui qu'il m'eût obéi ?

PAULINE.

Oh ! sans doute, maman.

Mme DE VERTEUIL.

Voilà pourquoi les enfans doivent toujours obéir aux grandes personnes. Ils doivent être bien sûrs que lorsqu'on leur défend quelque chose, c'est que l'on sait que cela peut leur faire du mal.

PAULINE.

Et comment les grandes personnes peuvent-elles le savoir ?

Mme DE VERTEUIL.

C'est que, lorsqu'elles étaient petites, elles l'ont appris de leur papa, de leur maman, ou de leur bonne. Elles se souviennent que, toutes les fois qu'elles n'ont pas voulu les en croire, elles ont eu sujet de s'en repentir.

PAULINE.

Oh ! c'est bon, maman : ce que vous me dites là, je le dirai un jour à mes enfans.

Mme DE VERTEUIL.

En attendant, veux-tu que je te dise encore pourquoi tu dois obéir aux personnes plus âgées que toi?

PAULINE.

Oui, maman : vous me ferez plaisir.

Mme DE VERTEUIL.

Dis-moi, pourrais-tu préparer toi-même ton dîner ou ton souper?

PAULINE.

Non, maman; je ne suis pas assez bonne cuisinière.

Mme DE VERTEUIL.

Et saurais-tu faire tes habits?

PAULINE.

Comment pourrais-je en venir à bout? je ne sais pas encore manier l'aiguille.

Mme DE VERTEUIL.

Mais à présent que tes habits sont faits, saurais-tu t'habiller toute seule?

PAULINE.

Oh! non certes; je serais bien embarrassée sans le secours de Nanette.

Mme DE VERTEUIL.

Et lorsque tu vas à la promenade, ne faut-il pas que je te donne la main pour empêcher qu'il ne t'arrive aucun accident?

PAULINE.

Oh! oui; car autrement les voitures m'auraient bientôt écrasée.

Mme DE VERTEUIL.

Tu vois donc en combien de choses tu as besoin de grandes personnes ?

PAULINE.

Il est vrai.

Mme DE VERTEUIL.

Mais toi, peux-tu faire quelque chose pour elles ? Pourrais-tu, par exemple, repasser le linge pour Nanette, qui prend tous les jours la peine de t'habiller et de te déshabiller ? Saurais-tu éplucher les herbes pour la cuisinière qui t'apprête à manger ? As-tu de l'argent à donner à la couturière qui fait tes habits ? Rends-tu le moindre service à ton papa qui donne cet argent pour toi ? Serais-tu capable enfin de me soigner dans mes maladies comme je te soigne dans les tiennes ?

PAULINE.

Non, maman.

Mme DE VERTEUIL.

Tu vois combien de choses ton papa, ta maman, Nanette, la couturière, la cuisinière, en un mot toutes les grandes personnes, peuvent faire pour toi. Tu vois en même temps que tu ne peux rien faire à ton tour pour elles.

PAULINE.

Cela est vrai, maman : je suis encore trop petite.

Mme DE VERTEUIL.

Il est cependant une chose que tu peux faire pour nous.

PAULINE.

Eh! quoi donc, je vous prie?

Mme DE VERTEUIL.

C'est qu'en étant douce et obéissante, tu peux nous soulager de la peine que nous prenons à veiller continuellement sur toi. Par exemple, lorsque Nanette te dit : Ne touchez pas le flambeau, et que, malgré cela, tu t'obstines à le prendre, il faut que Nanette se détourne de son ouvrage pour tirer le flambeau de tes mains, afin que tu ne mettes pas le feu à la maison. Lorsqu'elle te dit : Ne tourmentez pas votre petit frère, et que tu continues de le tirailler, il faut qu'elle se détourne encore de son ouvrage pour éloigner ton petit frère de toi, afin que tu ne le fasses plus crier. Lorsqu'elle te dit : Ne descendez pas l'escalier si vite, et que tu n'en vas que plus étourdiment, il faut qu'elle se détourne une troisième fois de son ouvrage pour aller te prendre par la main, et t'empêcher de te casser la tête en dégringolant du haut en bas, comme cela ne manquerait pas de t'arriver. Tout cela n'est-il pas bien fatigant pour Nanette?

PAULINE.

Oui, maman. Aussi me gronde-t-elle d'une bonne façon.

Mme DE VERTEUIL.

Il le faut bien; et si tu refusais plus long-temps de lui obéir, elle serait enfin obligée de te dire : Écoutez, mon enfant, puisque vous ne voulez pas rester tranquille, et que par-là vous m'empêchez de faire ma besogne, vous aurez la bonté de faire vous-même toutes les choses dont vous avez besoin. Lorsque vous viendrez me prier de vous mettre au lit, je ne pourrai pas le faire, parce que j'aurai mon ouvrage à finir : c'est ainsi que parlerait Nanette. Que ferais-tu alors ? Est-ce que tu saurais te déshabiller ?

PAULINE.

Non, maman.

Mme DE VERTEUIL.

Tu vois donc que si les enfans ne peuvent rien faire sans le secours des grandes personnes, ils doivent être toujours disposés à leur obéir pour ménager leur peine; autrement ils méritent qu'on les abandonne à eux-mêmes, pour se tirer d'affaire comme ils l'entendront.

PAULINE.

Cela me paraît fort juste.

Mme DE VERTEUIL.

Ce n'est pas tout : il est encore une autre chose à considérer.

PAULINE.

Voyons, maman.

Mme DE VERTEUIL.

Les grandes personnes ne sont-elles pas plus fortes que les enfans ? Nanette, par exemple, n'a-t-elle pas plus de force que toi ?

PAULINE.

Oh! sans doute.

Mme DE VERTEUIL.

C'est par-là que les grandes personnes sont en

état de donner leur secours aux enfans; mais, par la même raison, elles sont aussi en état de forcer les enfans à faire ce qu'elles leur disent. Lorsque Nanette t'appelle, et que tu ne vas pas la trouver, que fait-elle?

PAULINE.

Elle se lève, et vient me prendre par le bras.

Mme DE VERTEUIL.

Et lorsqu'elle te tient, peux-tu l'empêcher de t'entraîner?

PAULINE.

Non, maman.

Mme DE VERTEUIL.

Ne vaut-il pas mieux obéir de bonne grâce que de te faire traîner de force, et d'être encore grondée par dessus le marché? A quoi te sert ton obstination? Tu as beau crier et trépigner, tout ce que tu peux faire est inutile; il me semble qu'il vaudrait bien mieux t'en épargner le chagrin et la honte.

PAULINE.

Oui, maman, cela serait beaucaup plus raisonnable; et, toute petite que je suis, j'espère que je serai bientôt une grande personne par la raison.

LA JUSTICE.

PREMIÈRE JOURNÉE.

M. DE PALMY, CHARLES, AUGUSTE, PAULIN, ses enfans.

M. DE PALMY.

Charles, Auguste, Paulin, venez, mes chers enfans, venez.

CHARLES, *en s'avançant avec les autres.*

Que nous voulez-vous, mon papa ?

M. DE PALMY.

Vous serez charmés de l'apprendre, je vous en réponds : commençons par le plus grand. Tiens, Charles, voici un cheval que je te donne ; il est pour toi seul, entends-tu ? c'est-à-dire que toi seul tu peux désormais en faire ce que tu voudras.

CHARLES.

O mon papa ! je vous remercie. Nous allons faire bien des courses ensemble.

M. DE PALMY.

Auguste, à ton tour. Voici une brouette ; elle n'est que pour toi ; tu auras seul le droit de t'en servir.

AUGUSTE.

Grand merci, mon papa; elle ne restera pas sous la remise. Ce sera pour voiturer tout ce qui vient dans mon jardin.

M. DE PALMY.

C'est à merveille. Et toi, Paulin, approche, mon ami : voici un carrosse; toi seul tu en es le maître.

PAULIN.

O mon papa, qu'il est joli! je vous remercie de tout mon cœur : je cours l'essayer.

M. DE PALMY.

Attendez, attendez, mes chers enfans; j'ai encore un mot essentiel à vous dire. Si vous voulez vous faire aimer les uns des autres, il faudra quelquefois vous prêter tour à tour vos joujoux; car de bons frères doivent être toujours prêts à s'obliger; de cette manière, vos amusemens seront plus variés, et vos cœurs plus joyeux. N'est-il pas vrai, Charles? C'est à toi que je le demande.

CHARLES.

Je suis de votre avis, mon papa.

M. DE PALMY.

Sais-tu pourquoi je viens de te faire cette question?

CHARLES.

Oh! je m'en doute à peu près.

M. DE PALMY.

Voyons ce que tu penses; je veux le savoir.

CHARLES.

C'est que vous étiez hier dans le jardin lorsque j'y

jouais avec Auguste. Il me pria de lui prêter mon fouet ; je n'en voulus rien faire ; mon refus lui donna de l'humeur, et notre partie fut rompue.

M. DE PALMY.

Je suis bien aise que tu t'en souviennes. Voilà ce qui ne manque jamais d'arriver lorsque les enfans n'ont pas de complaisance entre eux. C'est pourquoi il faut que vous soyez toujours disposés à vous prêter mutuellement vos joujoux ; mais vous ne devez jamais vous les prendre l'un à l'autre. Toi, Charles, tu n'as aucun droit ni sur la brouette d'Auguste, ni sur le carrosse de Paulin ; ainsi tu ne dois point les prendre sans avoir d'abord demandé à tes frères s'ils veulent bien te les prêter. S'ils te les prêtent, c'est à merveille : tu peux t'en servir jusqu'à ce qu'ils te les redemandent ; mais alors il faut les leur rendre de bonne grâce, puisqu'ils en sont les maîtres. Comprends-tu bien, mon fils ?

CHARLES.

Oui, mon papa.

M. DE PALMY.

Et toi aussi, Auguste, tu ne dois prendre ni le carrosse de Paulin, ni le cheval de Charles, s'ils ne veulent pas te les prêter. Chacun est maître de son bien.

AUGUSTE.

Oui, mon papa ; cela est juste.

M. DE PALMY.

Enfin, toi, Paulin, tu ne dois pas plus toucher aux joujoux de tes frères sans leur permission, qu'ils ne peuvent toucher aux tiens. Chacun de vous n'a droit que sur ce que je lui ai donné pour lui seul. Maintenant que vous voilà bien instruits, allez jouer sous les arbres, et songez à vous bien accorder.

TOUS ENSEMBLE.

Oui, oui, oui, mon papa.

SECONDE JOURNÉE.

M. DE PALMY.

Eh bien! mes enfans, vous étiez hier si bien d'accord ensemble. Pourquoi n'en va-t-il plus de même aujourd'hui?

CHARLES.

Mon papa, ce n'est pas ma faute. Auguste a pris mon cheval, et il ne veut pas me le rendre.

M. DE PALMY.

Et te l'avait-il demandé?

CHARLES.

Non, mon papa.

M. DE PALMY.

Eh bien! Auguste, pourquoi avez-vous pris le cheval de votre frère? Ne vous avais-je pas dit hier que vous ne pouviez y toucher sans sa permission?

AUGUSTE.

Il est bien vrai, mon papa; mais je n'avais rien pour jouer : Paulin avait pris ma brouette. J'ai trouvé le cheval de Charles sans rien faire, et j'ai cru pouvoir m'en servir, tandis que Charles courait après des papillons.

M. DE PALMY.

Il n'importe. Tu n'avais aucun droit sur le cheval, quoique ton frère n'en fît pas usage en ce moment. Et toi, Paulin, pourquoi avais-tu pris la brouette de ton frère, sans savoir d'abord s'il voulait te la prêter?

PAULIN.

Mon papa, c'est que tandis que j'étais allé un moment sur la porte, Auguste avait traîné mon carrosse; il ne m'en avait pas demandé la permission : alors j'ai pris ma revanche sur sa brouette en la faisant courir.

M. DE PALMY.

Il me semble, Auguste, que tu l'avais mérité. Mais toi, Paulin, fais-y bien attention une autre fois. Quand bien même l'un de tes frères te prendrait quelque chose, tu ne dois pas pour cela prendre ce qui lui appartient : autrement ce seraient des querelles à ne jamais finir... Tu dois plutôt le prier de te rendre ton bien, et, s'il ne veut pas le faire, lui dire que tu viendras m'en avertir; s'il refuse encore tu n'auras qu'à venir à moi, et j'irai à ton secours. Allons, rendez-moi tous vos joujoux pour que je fasse justice.

CHARLES.

Qu'est-ce que faire justice, mon papa?

M. DE PALMY.

C'est rendre à chacun ce qui lui appartient, et

punir ceux qui l'ont mérité. Tiens, Charles, voici ton cheval. Auguste, voici ta brouette. Voilà ton carrosse, Paulin. Que chacun reprenne ce qui est à lui; mais puisque Auguste a été la cause de toutes ces querelles, puisqu'il a été le premier à prendre le carrosse de Paulin tandis que Paulin était allé sur la porte, et le cheval de Charles tandis que Charles courait après des papillons, je veux qu'il passe le reste de la journée sans jouer avec sa brouette; elle restera dans un coin.

AUGUSTE.

Mais, mon papa.

M. DE PALMY.

Mon ami, l'arrêt est prononcé. Tu dois sentir en toi-même qu'il est juste; et tu sais qu'il faut obéir, sans murmurer, à mes ordres.

AUGUSTE.

Eh bien! mon papa, je m'y soumets.

M. DE PALMY.

C'est ton premier devoir. Pour toi, Paulin, souviens-toi désormais que tu ne dois rien prendre à un autre, sous prétexte qu'il t'a pris quelque chose. Cela s'appelle se faire justice soi-même, et ce droit n'appartient pas aux enfans, il n'appartient qu'à leur père. Si les enfans prétendaient se faire justice eux-mêmes, ils passeraient leurs journées à se prendre leurs jouets et à se les reprendre, puis à se quereller, peut-être même à se battre; ce qui serait affreux entre des frères qui doivent toujours s'aimer. Songez, à l'avenir, que c'est moi seul qui ai le droit d'arranger vos différends, et tâchez, surtout, de vous accorder assez bien ensemble pour que je n'en sois pas continuellement importuné.

TROISIÈME JOURNÉE.

M. DE PALMY.

Quelle est donc, mes enfans, cette manière de vous conduire? et qu'avez-vous à vous disputer?

AUGUSTE.

Mon papa, Charles a pris ma balle, et l'a poussée dans un trou.

M. DE PALMY.

Allons, Charles, il faut aveindre cette balle, puisque tu l'as poussée. Tu sais qu'elle appartient à Auguste; et il est de la justice que chacun ait le sien.

CHARLES.

Je le voudrais bien, mon papa; mais ce n'est pas ma faute si le trou est si profond. Il n'est pas possible d'atteindre jusqu'à la balle, même avec des pincettes.

M. DE PALMY.

Cela ne fait rien à Auguste; il ne doit pas souffrir de ce que tu as jeté sa balle dans un trou. C'est toi qui l'as perdue, c'est toi qui dois la rendre; et, si cela n'est pas en ton pouvoir, il faut en dédommager ton frère, en lui donnant une autre balle qui soit aussi bonne. Dans tous les cas, il doit avoir ce qui lui appartient, ou quelque chose de la même valeur. Tu sais que c'est la justice : As-tu une balle pareille ?

CHARLES.

Oui, mon papa, la voici.

M. DE PALMY.

Auguste, vois si elle est aussi bonne que la tienne.

AUGUSTE.

Oui, mon papa, c'est la même chose.

M. DE PALMY.

Eh bien ! elle est à toi, pour remplacer celle que ton frère t'a fait perdre. Charles, vous la lui devez justement, puisque vous l'avez privé de la sienne : il ne doit pas souffrir de votre faute. Si vous aviez fait cela de votre propre mouvement, alors j'aurais dit que vous étiez un enfant juste, qui sait rendre aux autres ce qui leur appartient, sans donner à son père la peine de l'y forcer; car lorsque les enfans ne veulent pas être justes entre eux, ne faut-il pas que leur père fasse justice ?

CHARLES.

J'en demeure d'accord, mon papa.

M. DE PALMY.

Pourquoi n'avez-vous pas fait d'abord cette réflexion ? Mais il est impossible que vous ne l'ayez pas faite : ne me déguisez rien. Ne s'est-il pas élevé une voix dans votre cœur, qui vous a dit que vous deviez donner votre balle à Auguste, puisque vous lui avez fait perdre la sienne ?

CHARLES.

Oui, mon papa ; j'ai bien senti que c'était juste.

M. DE PALMY.

Eh bien ! mon ami, pourquoi n'avoir pas cédé à un mouvement si honnête? Vous auriez été bien plus satisfait de vous-mêmes que vous ne l'êtes en ce moment. Oui, mon cher fils, que cela te serve de leçon pour une autre fois. Ne résiste jamais à ce premier cri de ton cœur quand il te parlerait contre toi-même. C'est en suivant ses nobles impulsions, quelque sacrifice qu'il nous en coûte, que l'on acquiert l'habitude et le goût de la justice, la vertu la plus utile entre les hommes.

QUATRIÈME JOURNÉE.

LA FIDÉLITÉ A SA PAROLE.

M. DE PALMY.

Allons, mes enfans, je vais me promener. Quels sont les deux parmi vous qui doivent me suivre?

CHARLES et AUGUSTE.

C'est notre tour, mon papa, c'est notre tour.

M. DE PALMY.

Êtes-vous d'accord entre vous trois?

CHARLES.

Paulin sait bien que je suis resté hier à la maison.

AUGUSTE.

Et moi avant-hier.

M. DE PALMY.

Ainsi donc c'est à lui de rester aujourd'hui.

PAULIN.

Oui, mon cher papa, cela est vrai. Mais mon cher Auguste, ne voudrais-tu pas rester à ma place? Je meurs aujourd'hui d'envie de me promener. Tiens, si tu veux me céder ton tour, je te donnerai cette jolie toupie que je prêtai hier à mon cousin pour jouer avec toi.

AUGUSTE.

A la bonne heure, je resterai à ta place. Où est la toupie?

PAULIN.

Mon cousin ne me l'as pas encore rendue. Il doit me la rapporter ce soir, et je te promets que je te la donnerai tout de suite.

AUGUSTE.

Oh! c'est une autre affaire. Donne-moi la toupie en ce moment, ou je garde mon tour de sortir.

PAULIN.

O mon cher Auguste, je t'en prie. Je t'assure que je te la donnerai sitôt que mon cousin sera venu.

AUGUSTE.

Ce n'est pas là mon marché. (*Il tend la main.*) Je te l'ai déjà dit; la toupie, ou je sors.

PAULIN.

Je ne l'ai point à présent; comment pourrais-je te la donner?

AUGUSTE.

En ce cas, rien de fait; il faut que tu restes.

M. DE PALMY.

Mais, Auguste, puisque ton frère te promet sa toupie, n'est-ce pas comme s'il te la donnait effectivement? Tu l'auras toujours ce soir.

AUGUSTE.

Cela n'est pas si sûr que vous le croyez, mon papa. Il m'avait promis hier la pomme de son goûter pour une jolie fleur que je lui avais donné; et lorsque je lui demandai la pomme, il me dit qu'il venait de la manger.

PAULIN.

Eh bien! crois-tu que je mangerai la toupie?

AUGUSTE.

Non, mais tu la garderais; et moi je serais resté pour rien à la maison.

M. DE PALMY.

Si les choses sont ainsi, Paulin, Auguste n'a pas tort. Dès que tu n'es pas fidèle à ta parole, tes promesses ne peuvent servir de rien. Ainsi tu ne dois pas être surpris que l'on refuse de se fier à toi. Peux-tu donner tout de suite la toupie à ton frère?

PAULIN.

Non, mon papa; mon cousin l'a gardée pour toute la journée entière.

M. DE PALMY.

J'en suis fâché ; mais je ne peux rien faire pour toi. Il faut que tu restes au logis. Cette leçon ne te sera pas inutile pour tenir une autre fois ta parole.

PAULIN.

Mais, mon papa...

M. DE PALMY.

Tu n'as plus rien à dire. C'est moi qui ai à te dire encore une autre chose. Puisque tu ne donnas pas hier à ton frère la pomme que tu lui avais promise, il faudra la lui donner aujourd'hui. Tu sais bien qu'un père doit exercer la justice entre ses enfans, s'ils ne veulent pas être justes entre eux. Toutes les fois que tu as promis quelque chose qui t'appartient, une pomme, une toupie, n'importe, alors cette chose ne t'appartient plus ; elle appartient à celui à qui tu l'as promise, parce qu'en vertu de ta promesse, tu lui donnes sur cette chose le droit que tu avais. Si la toupie était dans tes mains en ce moment, tu la donnerais à Auguste, n'est-il pas vrai ? et, dès ce moment, ne deviendrait-elle pas son bien ?

PAULIN.

Oui, mon papa.

M. DE PALMY.

Mais, puisque tu ne l'as pas à présent, et qu'ainsi tu ne peux pas la livrer, tu promets à ton frère de la lui remettre au premier moment où tu l'auras, et tu le pries de la regarder déjà comme en sa possession, et de faire pour toi comme s'il l'avait reçue, puisque, sur ta seule promesse, tu veux qu'il te cède réellement son tour de sortir.

PAULIN.

Oui, mon papa; voilà bien notre marché.

M. DE PALMY.

Il faudrait donc que ton frère regardât ta promesse comme la chose elle-même, et cela ne peut être qu'autant qu'il se tiendrait sûr de ce que tu lui aurais promis. Or, je te demande à toi-même s'il peut compter que tu lui donnes aujourd'hui ta toupie, lorsqu'il se souvient que tu refusas hier de lui donner ta pomme?

PAULIN.

Oui; mais mon papa, je promets à présent que je tiendrai ma promesse.

M. DE PALMY.

Et comment veux-tu qu'il devine si tu la tiendras effectivement? Celui qui est connu pour manquer à sa parole, est comme celui qui est connu pour dire des mensonges. On ne croit pas un menteur, même lorsqu'il dit la vérité, parce que l'on ne peut jamais distinguer s'il la dit en ce moment. Et l'on ne se fie pas à la parole de celui qui a pris l'habitude de la rompre, même lorsqu'il serait décidé pour cette fois à la tenir, parce que l'on n'a aucun indice pour reconnaître la sincérité de cette résolution : or, n'est-ce pas une honte pour un garçon bien né comme toi, Paulin, que l'on ne fasse pas plus de cas de tes paroles que de celles d'un menteur déclaré?

PAULIN.

O mon papa! vous me faites sentir bien vivement ma faute.

M. DE PALMY.

Je suis charmé que tu la reconnaisses, afin de t'en préserver à l'avenir. Lorsque tu auras acquis une réputation d'être fidèle à tes engagemens, alors on fera pour ta simple promesse ce que l'on ferait pour la chose elle-même, et je me ferai honneur d'être ton père. Mais si tu continues à te faire un jeu de ta parole, on ne voudra plus se fier à tes protestations, même les plus solennelles, et moi je rougirai de te compter au nombre de mes enfans.

PAULIN.

O mon papa! de quel malheur vous me menacez!

M. DE PALMY.

Il ne tient qu'à toi de le prévenir.

PAULIN.

Oui, c'en est fait, mon papa, ma première promesse est de me corriger; et je veux vous montrer, en tenant celle-ci, combien je serai désormais fidèle à toutes les autres.

L'UTILE AVANT L'AGRÉABLE.

Mme DE VERTEUIL, HENRIETTE, sa fille aînée.

Mme DE VERTEUIL.

Eh bien ! Henriette, es-tu contente de la promenade que tu viens de faire à la foire avec ta cousine et ta bonne ?

HENRIETTE.

Oui, maman ; nous avons eu beaucoup de plaisir. Nous avons vu des boutiques fort brillantes, et de très-jolies illuminations. Je ne pourrais jamais vous dire combien il y avait de belles poupées. Ma cousine Lucie ne pouvait se rassasier de les voir. Elle sautait de joie à chaque pas.

Mme DE VERTEUIL.

Vous avez fait sans doute de belles emplettes. Ton papa t'avait donné de l'argent pour avoir bien appris tes leçons. Voyons, qu'est-ce que tu apportes ?

HENRIETTE.

Maman, je n'ai apporté qu'une petite bonbonnière de bergamotte pour ma sœur.

Mme DE VERTEUIL.

Tu as donc mieux aimé garder ton argent que de

LE LIVRE DE FAMILLE.

le dépenser? Ton papa, cependant, ne te l'avais donné que pour en faire usage.

HENRIETTE.

Aussi m'en suis-je servie, ma chère maman. Je n'ai plus rien de reste.

Mme DE VERTEUIL.

Qu'en as-tu donc fait?

HENRIETTE.

Je vais vous compter tout cela. Nous étions occupées, ma cousine et moi, à regarder une jolie boutique. Il y avait tout près de nous une pauvre femme; elle avait un petit garçon sur l'un de ses bras, et elle tenait une petite fille par la main. O ma chère maman! ils étaient tous les deux si jolis! le petit garçon avançait son corps et étendait ses petites mains pour atteindre les joujoux qu'il voyait; puis il pleurait de ne pouvoir les saisir.

Je me suis alors avancée vers sa mère, et je lui ai dit : Eh bien! la bonne femme, est-ce que vous n'achetez rien pour vos enfans? Il y a tant de choses qui leur feraient plaisir! et il me semble qu'ils en auraient bonne envie.

Ah! ma chère petite demoiselle, m'a-t-elle répondu, comment achèterais-je des joujoux pour mes enfans? Je serais bien contente d'avoir toujours du pain à leur donner. Je ne suis pas venue ici pour leur faire des présens. C'est ma pauvre Louison qui m'a tant pressée de la mener à la foire, que je n'ai pu la refuser. J'ai pensé que la vue n'en coûtait rien; et c'était bien le moins que je pusse faire que de leur procurer ce plaisir, puisque je ne suis pas en état de leur en procurer d'autres. Il faut que je travaille toute la journée pour leur donner de temps en temps un morceau de pain, avec un peu de lait ou une mauvaise soupe à midi, et autant le soir.

Oh! j'en suis bien fâchée, ai-je dit à la bonne femme; mais voulez-vous nous permettre de leur acheter quelque chose? Tenez, voici une poupée que je puis donner à votre fille.

Et moi, a dit Lucie, je puis donner un carrosse ou un tambour au petit garçon.

Les pauvres enfans tressaillaient de joie; mais leur mère nous a répondu : Ah! mes braves demoiselles, cela est trop beau pour eux. Puisque vous voulez leur faire du bien; voyez, voici l'hiver, et mon petit garçon n'a pas de bas aux jambes, il faut que je les couvre de mon tablier. Pour la pauvre petite Louison, elle n'a plus que cette camisole, qui est près de tomber en lambeaux.

Oh! s'il ne tient qu'à cela, lui ai-je répliqué, laissez-nous faire. Je me suis alors adressé au maître de la boutique, et je lui ai demandé s'il pourrait nous vendre des bas et des camisoles.

Il s'est mis à sourire d'un air dédaigneux, et il m'a répondu : Non, mademoiselle, je ne vends pas de ces guenilles. Je vous conseille d'employer mieux votre argent.

Comment donc faire? ai-je dit à Nanette.

Oh! n'en soyez pas en peine, m'a-t-elle répondu,

Je sais une boutique où nous trouverons tout ce qu'il nous faut.

Allons, Nanette, allons, s'est écriée Lucie.

Et moi, j'ai dit au marchand : Monsieur, s'il nous reste quelque chose, nous achèterons des bonbons et des joujoux ; mais ce ne sera pas des vôtres, puisque vous avez voulu nous détourner de faire du bien à ces pauvres enfans.

Nous avons alors couru vers la boutique où Nanette nous a conduites. Là, nous avons acheté deux paires de bas et une bonne camisole, que nous avons données à la pauvre femme.

Ce n'est pas tout, ai-je dit : à présent avez-vous du pain pour ce soir ?

Oh, oui ! ma chère demoiselle, m'a-t-elle répondu, j'en ai pour la journée. Mais celui de demain, je ne sais guère où le prendre.

Allons, Nanette, ai-je repris, voyons s'il demeure près d'ici un boulanger. Tiens, voilà de l'argent pour aller acheter quelques pains mollets à la pauvre femme.

Oh, non ! je vous prie, mademoiselle, a répondu celle-ci, du pain de seigle, si vous le voulez bien. C'est assez bon pour nous, et nous en aurons davantage pour le même argent.

Je sais ce qu'il faut, a dit Nanette, et j'y pourvoirai.

Elle est aussitôt allée chez le boulanger, après nous avoir recommandées à la maîtresse de la boutique où nous étions. Elle n'a pas tardé à revenir avec un grand pain sous le bras. Elle l'a donné à la pauvre femme, qui l'a pris dans son tablier, et s'est mise à pleurer. Ah! maman, nous pleurions aussi, ma cousine Lucie et moi, et je ne sais guère à quel propos, car nous étions si joyeuses!

Cependant les pauvres enfans regardaient toujours du côté de la première boutique, et ils ne paraissaient pas aussi contens que leur mère.

Lucie s'en est aperçue, et elle m'a dit : Je serais fâchée que les pauvres petits eussent quelque chose à regretter. J'ai encore un peu d'argent de reste, et je leur achèterai un pain d'épice à chacun.

Et moi, ais-je ajouté, je leur achèterai à chacun une petite poupée.

Nous sommes allées à une autre boutique où j'ai commencé par acheter cette petite bonbonnière pour ma sœur. Puis nous avons donné à chacun des petits enfans son pain d'épice et sa poupée. Oh! il aurait fallu voir comme ils ont alors paru joyeux. C'était un plaisir de les regarder. La petite fille me mangeait les mains de baisers; et la bonne femme s'est retirée, après nous avoir donné mille bénédictions.

Mme DE VERTEUIL.

Je ne te demande pas si tu étais alors bien aise toi-même.

HENRIETTE.

Ah! maman, nous les avons un peu suivis des yeux. Si vous aviez vu avec quel plaisir les enfans grignotaient leur pain d'épice, et comme ils caressaient leur poupée! le petit garçon surtout, il bondissait de joie sur les bras de sa mère. J'étais fâchée de ne leur pas avoir acheté une grande quantité de pains d'épice et de joujoux, au lieu de leurs bas et de leur camisole, car ils n'avaient pas l'air de s'en soucier.

Mme DE VERTEUIL.

Heureusement leur mère a pensé plus prudemment qu'eux et que toi; car, dis-moi, Henriette, si tu avais bien faim, et que je te donnasse un chariot pour aller courir dans la grande allée, au lieu de te donner à manger, serais-tu contente?

HENRIETTE.

Non certes, maman. J'aimerais mieux, pour le moment, un morceau de pain sec que le plus beau chariot.

Mme DE VERTEUIL.

Je le crois aussi. Et si pendant l'hiver tu étais obligée de rester dans une chambre sans feu, sans bas aux jambes et sans camisole, et que je te donnasse, au lieu de tout cela, une belle poupée pour jouer, ne serais-tu pas réduite à pleurer de froid, et ne donnerais-tu pas ta poupée pour le moindre vêtement qui pourrait te réchauffer.

HENRIETTE.

Oui, sans doute.

Mme DE VERTEUIL.

Eh bien! il en aurait été de même des petits malheureux, lorsqu'ils seraient rentrés dans leur cabane, et qu'ils auraient eu bien faim.

HENRIETTE.

Mais, maman, ils auraient pu alors manger leur pain d'épice.

Mme DE VERTEUIL.

Oui, ma fille; mais s'ils en avaient mangé assez pour apaiser leur faim, ils en auraient été malades : cela t'aurait fait sûrement de la peine.

HENRIETTE.

Oh! oui, vraiment.

Mme DE VERTEUIL.

Et tous les joujoux que tu lui aurais donnés de plus, les auraient-ils garantis du froid pendant l'hiver?

HENRIETTE.

Hélas! non, j'en conviens.

Mme DE VERTEUIL.

Tu vois donc que leur mère était bien plus avisée, en demandant pour eux du pain, une camisole et des bas. Au reste, ma chère fille, je ne puis m'empêcher de te dire combien je suis satisfaite de l'emploi que tu as fait de ton argent; je ne manquerai pas d'en instruire ton papa, qui sûrement t'en aimera davantage, ainsi que moi-même.

HENRIETTE.

Oh! tant mieux, maman; c'est ce que je désire le plus.

Mme DE VERTEUIL.

Tu t'es privée de ce que tu aurais pu acheter pour toi-même, afin de faire du bien à des malheureux, et de pouvoir offrir un petit cadeau à ta sœur : voilà un beau jour de foire pour toi.

LA PROPRIÉTÉ,

OU LE TIEN ET LE MIEN.

M. DE VERTEUIL, ADRIEN, son fils, UNE PETITE FILLE.

ADRIEN.

Voyez, mon papa, les jolies fleurs; je vais en cueillir.

M. DE VERTEUIL.

Non, s'il te plaît, Adrien; ne t'avise pas d'y toucher.

ADRIEN.

Et pourquoi donc, mon papa, je vous prie?

M. DE VERTEUIL.

C'est que ces fleurs ne sont pas à toi; elles appartiennent au jardinier qui demeure là-bas dans cette petite cabane.

ADRIEN.

O mon papa! rien que deux ou trois seulement.

M. DE VERTEUIL.

Pas une seule. Ne te souviens-tu pas, mon fils, que tu vins te plaindre l'autre jour de ce que ta sœur avait arraché tes laitues pour semer à la place du réséda?

ADRIEN.

Eh! mon papa, n'avais-je pas raison? J'avais pris tant de peine pour faire venir mes laitues.

M. DE VERTEUIL.

Qu'avais-tu donc fait pour cela?

ADRIEN.

Vous le savez bien, puisque vous m'avez vu faire mon jardin. C'était un petit coin de terre plein de mauvaises herbes et de cailloux; j'avais passé trois jours entiers à enlever les racines et les pierres, et à nettoyer la place avec mon râteau. Je l'avais bêché à plus d'un pied de profondeur; j'avais mis du fumier dans la terre; j'y avais tracé des sillons; j'y avais ensuite transplanté des laitues que j'allais arroser le soir et le matin : vous savez avec quel soin j'arrachais les mauvaises herbes qui poussaient; et lorsque mes laitues grossissaient à vue d'œil, lorsque j'espérais vous en présenter bientôt une salade, voilà ma sœur qui vient les arracher toutes les unes après les autres, pour mettre à la place du réséda, sous prétexte qu'il a une meilleure odeur. Que dites-vous de sa belle entreprise?

M. DE VERTEUIL.

Je dis que c'était fort mal de sa part, puisque c'était ton jardin, que tu avais pris tant de peine à défricher.

ADRIEN.

Devait-elle me faire perdre ainsi, pour une légère fantaisie, tout le fruit de mes travaux?

M. DE VERTEUIL.

Non; sans doute; mais sais-tu bien, mon fils, que le tort que t'a causé ta sœur, en arrachant tes laitues, n'est rien en comparaison de celui que tu causerais au jardinier, si tu allais arracher ses fleurs.

ADRIEN.

Comment donc, mon papa, je vous prie?

M. DE VERTEUIL.

C'est que le jardinier a pris encore plus de peine pour entretenir son jardin, que tu n'en avais pris pour défricher le tien.

ADRIEN.

Quelle peine a-t-il donc prise, mon papa?

M. DE VERTEUIL.

Je vais te le dire. L'automne dernier il a nettoyé toutes ses couches; il a répandu du terreau bien gras, et il y a planté autant d'ognons que tu vois maintenant de gerbes de fleur. Tu sais bien ces ognons que ta mère a mis dans des carafes sur sa cheminée?

ADRIEN.

Effectivement, mon papa; ces fleurs sont précisément les mêmes que celles de maman.

M. DE VERTEUIL.

Oui; mais il en a coûté bien plus de soin au pauvre jardinier pour les faire venir; je ne t'ai dit encore que la moitié de son travail. Après avoir mis ses ognons dans la terre, il a fallu les recouvrir de fumier pour les garantir du froid, et y établir encore des paillassons qui les défendissent de la gelée : c'est ainsi qu'il a tenu ses couches pendant tout l'hiver. Ensuite, aux approches du printemps, lorsque les grands froids ont cessé, il lui a fallu découvrir par degrés ces fleurs, et les arroser avec soin, quand le temps n'a pas été assez humide. Combien de nouvelles peines elles lui ont coûté, jusqu'à ce qu'elles soient devenues aussi grandes que tu les vois! Maintenant si tu allais en arracher une et moi une autre ; si tous ceux qui en ont envie allaient de même en arracher, toutes les peines de ce brave homme ne seraient-elles pas perdues ? et n'aurait-il pas un aussi juste sujet de se plaindre de nous, que tu en avais l'autre jour de te plaindre de ta sœur?

ADRIEN.

Oui, mon papa, cela est vrai ; mais que fait cet homme de toutes ces fleurs ? il en a tant et tant ! il ne peut pas les manger comme nous aurions mangé nos laitues.

M. DE VERTEUIL.

Non, mon ami ; mais il les cueille pour les aller vendre à la ville. Par ce moyen, il se procure de l'argent ; et tu sais qu'il en faut avoir pour se loger et pour se nourrir. Plus il sort de fleurs de son jardin, plus il entre d'argent dans sa bourse. Tu comprends cela de toi-même ?

ADRIEN.

Oui, mon papa, je l'entends à merveille. Mais

Louis, notre jardinier, ne se plaint pas lorsque vous allez cueillir pour nous des fleurs dans le jardin; cependant j'ai vu qu'il prenait bien de la peine à les cultiver. Hier encore, il vint avec sa femme et tous ses enfans pour enlever les mauvaises herbes, parce que, disait-il, les fleurs en deviendraient plus hautes et plus belles.

M. DE VERTEUIL.

Cela est vrai aussi ; mais veux-tu que je t'en fasse sentir la différence ?

ADRIEN.

Je vous en serais bien obligé, mon papa.

M. DE VERTEUIL.

Si mes affaires me le permettaient, je planterais et je cultiverais moi-même les arbres et les fleurs de mon jardin. C'est une occupation agréable, et qui procure un exercice fort salutaire, lorsqu'on y est accoutumé. Mais le plus souvent je suis occupé d'affaires beaucoup plus importantes. C'est pourquoi j'ai fait venir le jardinier Louis, et je lui ai dit : Mon ami, je n'ai pas le temps de faire tout ce qu'il faudrait dans mon jardin pour le tenir en bon rapport. Si vous voulez vous en charger en ma place, et venir faire tous les travaux qui seront nécessaires, je vous donnerai cent écus par an. Moyennant cette somme que vous aurez pour vos peines, toutes les fleurs et tous les fruits qui viendront dans mon jardin seront à moi. Je le veux bien, monsieur, a répondu Louis ; c'est une affaire arrangée. Depuis cet accord, Louis est venu chaque jour dans mon jardin pour y faire l'ouvrage nécessaire, pour y planter, semer, ratisser, et tenir tout en bon état. Cependant, en vertu de notre marché, les fruits et les fleurs m'appartiennent au moyen de cent écus que je donne à Louis pour son travail ; mais ni toi, ni moi, ni personne, n'avons rien donné à ce jardinier-ci pour ses soins. Il cultive ce jardin à son profit. Ainsi personne ne peut l'en frustrer, en venant cueillir les fruits qu'il a fait naître.

ADRIEN.

Oui, mon papa, vous avez raison. Mais si nous lui donnions de l'argent pour avoir de ses fleurs ?

M. DE VERTEUIL.

Alors, il nous en céderait volontiers.

ADRIEN.

Eh bien, je vous prie, achetons-lui-en quelques-unes. Il me reste une pièce de six sous que je veux dépenser.

M. DE VERTEUIL.

Tu n'en auras pas beaucoup pour six sous. La saison n'est pas encore bien avancée. Les fleurs sont rares, et par conséquent d'un grand prix. Cependant allons à sa cabane pour lui en parler.

ADRIEN.

Allons, allons, mon papa.

M. DE VERTEUIL, *en marchant.*

Sa porte me paraît bien fermée. Je crains qu'il ne soit sorti. Va-s-y frapper.

(*Adrien va frapper à la porte. Personne ne répond. Il revient.*)

M. DE VERTEUIL.

Il sera sûrement allé vendre ses fleurs à la ville. Nous lui en achèterons une autre fois.

ADRIEN.

Je suis bien fâché de ne pouvoir pas porter un joli bouquet à maman.

M. DE VERTEUIL.

Puisque tu as cette bonne pensée, je puis te procurer d'autres fleurs qui ne sont pas aussi rares, mais qui ne laissent pas d'être fort jolies.

ADRIEN.

Où donc, papa?

M. DE VERTEUIL.

Là-bas, dans cette bruyère. Nous y trouverons des fleurs sauvages que personne n'a semées ni plantées, mais qui viennent d'elles-mêmes sur d'anciennes tiges, ou qui sont provenues de graines tombées des fleurs de l'année dernière.

ADRIEN.

Oh! c'est à merveille, mon papa. Voulez-vous bien m'y conduire?

M. DE VERTEUIL.

Avec grand plaisir mon cher fils.

(*Ils vont dans la bruyère.*)

ADRIEN.

Oh! voyez donc, je vous prie, combien de jolies fleurs! Puis-je les cueillir.

M. DE VERTEUIL.

Oui, mon ami, tu le peux sans craindre de faire le moindre tort à personne.

(*Adrien se met à cueillir des fleurs.*)

ADRIEN.

O mon papa! voyez combien j'en ai déjà cueilli. Elles ne peuvent plus tenir dans ma main. J'ai peur de les gâter.

M. DE VERTEUIL.

N'as-tu donc rien pour les mettre?

ADRIEN.

Mais, non, je ne sais guère... Oh! je n'y pensais pas; mon chapeau sera fort bon.

M. DE VERTEUIL.

Sans doute, le temps est assez doux pour avoir la tête découverte.

(*Adrien met dans son chapeau les fleurs qu'il tenait à la main, et continue d'en cueillir.*)

ADRIEN.

O mon papa! voici deux œufs que je trouve dans un panier. Je vais m'en saisir.

(*Il pose son chapeau près du panier, et court après son père, avec un œuf dans chaque main.*)

M. DE VERTEUIL.

Que fais-tu donc, Adrien? ces œufs ne sont pas à toi, pour les prendre. Ils appartiennent à quelqu'un, car ils ne sont pas venus d'eux-mêmes dans le panier. (*Une petite fille sort du milieu de la bruyère où elle était cachée; et, voyant les œufs dans la main d'Adrien, elle cour au chapeau qu'elle emporte avec les fleurs, en s'écriant:*) Mon petit monsieur, ces œufs sont à moi. Si vous ne voulez pas me les rendre, je ne vous rendrai pas votre chapeau. (*Adrien quitte son père pour courir après la petite fille. Il fait un faux pas, tombe sur les œufs et les casse. Il se relève, et crie à la petite fille :*) Comment donc, petite voleuse! veux-tu bien me rendre mes fleurs, j'ai pris la peine de les cueillir. Elles m'appartiennent.

LA PETITE FILLE.

Et moi aussi j'ai pris la peine de chercher ces œufs de vanneau que vous m'avez pris. Ils sont bien à moi. Je veux les ravoir, ou vous n'aurez ni votre chapeau ni vos fleurs.

ADRIEN.

Comment veux-tu que je te rende tes œufs? Je viens de les casser sans le vouloir.

LA PETITE FILLE.

Eh bien! en ce cas, il faut me les payer ce que je les aurais vendus à la ville.

ADRIEN, *à son père, qui s'est approché dans l'intervalle.*

L'entendez-vous, mon papa? elle veut garder mes fleurs et mon chapeau.

M. DE VERTEUIL.

Que veux-tu que je te dise, Adrien? Pourquoi as-tu cassé les œufs? Elle a pris la peine de les chercher pour les aller vendre. Il n'est pas juste que tu lui fasse perdre sa peine. Dis-moi, ma chère enfant, combien les aurais-tu vendus?

LA PETITE FILLE.

Trois sous la pièce, monsieur, c'est le prix courant.

M. DE VERTEUIL, *à Adrien.*

Tu vois, mon fils, que tu as fait tort de six sous à cette petite fille. Il faut que tu lui donnes la pièce que tu voulais donner tout à l'heure au jardinier pour avoir un bouquet. (*A la petite fille.*) Ne lui rendras-tu pas, à ce prix, son chapeau et ses fleurs?

LA PETITE FILLE.

Oui bien, monsieur, je ne demande pas mieux.

M. DE VERTEUIL.

En ce cas, vous voilà tous deux hors de procès.

ADRIEN.

Oui, mon papa, mais j'y perds mes six sous.

M. DE VERTEUIL.

Tu le mérites; pourquoi toucher à ce qui ne t'appartient pas? Tu pouvais cueillir ici des fleurs, parce que ce champ n'appartient à personne en particulier, et que les fleurs y viennent naturellement, sans que personne ait pris soin de les cultiver; mais tu devais bien comprendre que les œufs ne se trouvaient pas dans le panier sans que personne les y eût mis; cette petite fille a couru long-temps dans la bruyère pour les chercher; tu n'as pas le droit de t'emparer du fruit de ses peines. Ainsi donc il faut lui rendre son bien; et comme tu ne peux pas le rendre en nature, il faut lui en donner la valeur en argent; cette valeur est justement ta pièce de six sous. Voilà, mon ami, le seul parti qui te reste à prendre; autrement la petite fille peut justement retenir tes fleurs et ton chapeau, jusqu'à ce que tu l'aies satisfaite.

ADRIEN.

Oui, mon papa, je sens l'équité de votre jugement. Tiens, ma chère amie, voici mes six sous ; ils sont à toi.

LA PETITE FILLE, *en lui rendant son chapeau et ses fleurs.*

Tenez, mon petit monsieur, voilà aussi ce qui vous appartient.

M. DE VERTEUIL.

Allons, mon fils, il est temps de nous retirer. Si tu veux m'en croire, tu te garderas désormais de toucher à ce que tu trouveras, sans savoir auparavant s'il n'appartient à personne ; tu vois que l'on risque d'y perdre son chapeau ou des pièces de six sous.

ADRIEN.

Oui, mon papa ; c'est une bonne leçon, je vous assure, et me voilà devenu sage pour l'avenir.

LES CHATS.

M. DE VERTEUIL, ADRIEN, son fils.

ADRIEN.

Mon cher papa, n'est-ce pas une souris que le chat tient entre ses pattes ?

M. DE VERTEUIL.

Oui, mon fils, c'est un ennemi dont il vient de nous délivrer. Les souris et les rats font un grand dégât dans une maison, en rongeant les tapis et les meubles. Nous ne pourrions guère les attraper nous-mêmes, parce qu'ils sont plus agiles que nous; et le chat nous rend un grand service en les détruisant.

ADRIEN.

Je crois qu'il ne songe guère à nous lorsqu'il les attrape ; et il ne pense qu'au plaisir qu'il aura de les manger.

M. DE VERTEUIL.

Tu as raison. Cependant ce service ne nous est pas moins utile : le chat est d'ailleurs un joli animal; il n'est pas aussi caressant que le chien, il est même d'un naturel un peu sauvage; mais il est assez patient pour rester une heure entière immobile au guet d'une souris, jusqu'à ce qu'il la voie paraître. Il sait aussi se poster toujours avec tant d'avantage, que d'un seul bond il puisse sauter sur son ennemi et le saisir. N'as-tu jamais vu, dans le jardin, notre chat se tenir au guet pour attraper des oiseaux?

ADRIEN.

Oui, mon papa; mais alors je le chasse et je lui dis : Va-t'en, minet; je ne veux pas que tu prennes les jolies oiseaux.

M. DE VERTEUIL.

C'est fort bien fait; le chat n'est au logis que pour prendre les souris et les rats. Les oiseaux ont un si joli ramage et font tant de plaisir dans un jardin! Il ne faut pas que les chats les mangent.

ADRIEN.

Et puis minet n'est pas à plaindre. Je prends moi-même le soin de le bien nourrir.

M. DE VERTEUIL.

En effet, j'ai souvent remarqué qu'il va s'adresser à toi de préférence pour avoir quelque chose à manger.

ADRIEN.

O mon papa! il est si gentil! et pour son adresse, elle est incroyable. Lorsqu'il saute sur une table où il y a des carafes, des bouteilles, des verres et des salières, pourvu qu'on ne lui fasse pas de peur, et qu'on ne le chasse pas brusquement, il court au milieu de tout cela sans jamais rien casser.

M. DE VERTEUIL.

Il est vrai. Je ne connais point d'animal plus souple. Mais croirais-tu que j'ai vu un chat boire du lait dans un vase où il ne pouvait pas fourrer le museau ?

ADRIEN.

Apparemment qu'il prit le parti de le renverser ?

M. DE VERTEUIL.

Non, non; il fit encore mieux.

ADRIEN.

Et comment donc, je vous prie ?

M. DE VERTEUIL.

Lorsqu'il vit qu'il ne pouvait pas faire entrer sa tête dans le col du vase, ni atteindre avec sa langue jusqu'au lait pour le laper, il plongea dans le vase une de ses pattes, qu'il retira aussitôt pour la lécher, et il continua cet exercice jusqu'à ce qu'il eût entièrement apaisé sa soif.

ADRIEN.

Si le renard du bon La Fontaine s'était avisé de cet expédient, il aurait bien attrapé la cigogne.

M. DE VERTEUIL.

Oui, tu as raison.

ADRIEN.

Voilà donc, malgré le proverbe, un chat plus fin qu'un renard. Oh ! tenez, mon papa, quand le lait aurait été pour mon déjeûner, j'aurais pardonné un si bon tour à minet en faveur de son industrie.

LES ÉGARDS DUS A NOS SERVITEURS.

M. DE VERTEUIL, ADRIEN son fils, UNE PETITE FILLE ET SA MÈRE.

ADRIEN.

Voyez, je vous prie, mon papa : voici une pomme-de-terre sur le chemin, en voici encore une; en voilà bien d'autres encore.

M. DE VERTEUIL.

Il est vrai. Qui peut donc les avoir perdues?

ADRIEN.

Je ne sais. Je ne vois personne autour de nous.

M. DE VERTEUIL.

Ni moi non plus. C'est dommage. Si nous pouvions rencontrer celui qui les a perdues, nous les ramasserions pour les lui rendre, ou du moins nous pourrions l'avertir qu'elles sont tombées.

ADRIEN.

Elles se perdront ici; voulez-vous que je les ramasse, mon papa? nous les emporterons à la cuisine.

M. DE VERTEUIL.

Non, mon ami, elles ne sont pas à nous. Si leur véritable maître ne vient pas les chercher, il ne manquera pas de passer ici de pauvres gens à qui cette rencontre fera plaisir, et qui les ramasseront pour leur souper.

ADRIEN.

Venez, venez, je vous prie, et regardez de ce côté, mon papa : derrière ce buisson, j'aperçois une petite fille. Oh! elle pleure, la pauvre enfant; c'est elle sûrement qui aura perdu les pommes-de-terre.

M. DE VERTEUIL, *s'avançant vers la petite fille.*

Qu'est-ce donc, ma chère amie, qu'as-tu à pleurer?

LA PETITE FILLE.

Hélas! monsieur, mon maître m'a envoyée ce matin à la ville pour acheter des pommes-de-terre: tenez, voyez ce sac tout plein. (*Montrant un sac qui est à terre auprès d'elle.*) Mais la charge est trop pesante pour que je puisse la porter; je suis si lasse, que je ne puis plus faire un pas. Je ne sais guère comment j'arriverai à la maison.

M. DE VERTEUIL.

Qui est donc ton maître, et où demeure-t-il?

LA PETITE FILLE.

Mon maître s'appelle Bertrand; il est marchand fruitier. Voyez-vous là-bas, là-bas ces grands arbres? c'est là qu'il demeure. Il me fait bien gagner les trente sous qu'il me donne par semaine. Ah! comme il va me battre! (*Elle se met à pleurer et à sangloter.*)

M. DE VERTEUIL.

Ne pleure pas, ma chère enfant, cela ne sert à

rien; nous allons voir si nous pourrons te tirer d'affaire. Mais, dis-moi, nous avons trouvé tant de pommes-de-terre sur le chemin. Sont-elles à toi?

LA PETITE FILLE.

Oui, monsieur.

M. DE VERTEUIL.

Est-ce que tu les aurais jetées?

LA PETITE FILLE.

Il n'est que trop vrai; le sac était si pesant! J'ai jeté un peu de ma charge, pour la rendre plus légère. Hélas! cela ne m'a pas servi de beaucoup.

M. DE VERTEUIL.

Mais, mon enfant, cela n'est pas bien; ces pommes-de-terre n'étaient pas à toi; elles sont à ton maître, qui a donné de l'argent pour les avoir, et tu ne devais pas jeter le bien de ton maître. Va les ramasser, et tu viendras les remettre dans le sac; nous verrons ensuite, mon fils et moi, de quelle manière nous pourrons te secourir. (*La petite fille se lève en soupirant.*)

ADRIEN.

Mon papa, elle est bien fatiguée; voulez-vous me permettre de lui aider?

M. DE VERTEUIL.

Très-volontiers, mon fils; c'est un bon service à lui rendre : en attendant, je resterai près du sac. (*Adrien et la petite fille vont ensemble et ramassent les pommes-de-terre.*)

ADRIEN, *revenant le premier.*

Mon papa, voici toutes celles qui peuvent tenir

dans mon mouchoir, faut-il que je les remette dans le sac?

M. DE VERTEUIL.

Oui, mon fils. (*La petite fille remet aussi dans son sac les pommes-de-terre qu'elle rapporte dans son tablier.*)

LA PETITE FILLE.

Comment ferai-je maintenant pour me charger de tout ce poids?

ADRIEN.

O mon papa! si j'avais ici mon chariot, nous pourrions y mettre le sac; et j'aiderais la petite fille à le tirer.

M. DE VERTEUIL.

Ce serait un fort bon moyen; mais ton chariot est à la maison.

ADRIEN.

Oui, mon papa; voilà ce qui me fâche. (*Il veut prendre le sac.*) Oh! qu'il est pesant! Je ne peux seulement pas le soulever.

M. DE VERTEUIL.

Je le crois bien. La petite fille est plus grande que toi, et à peine peut-elle le porter. Mais moi, je puis m'en charger aisément. Je vais le prendre sur mes épaules, et nous irons avec la petite fille.

LA PETITE FILLE.

Oh! monsieur, le porter vous-même! vous avez trop de bonté.

M. DE VERTEUIL.

Laissez-moi faire. (*Il prend le sac.*) Allons, mon

enfant, marche devant nous, et montre-nous le chemin. (*Ils font ensemble quelques pas.*)

LA PETITE FILLE.

Ah! monsieur, je suis perdue! voici ma mère qui vient; elle va me gronder, et me battre peut-être.

M. DE VERTEUIL.

Non, mon enfant, sois tranquille, je vais tâcher de l'apaiser.

LA MÈRE.

Eh bien! petite fille, qu'est-ce donc? Pourquoi tarder si long-temps à revenir? Ton maître est bien en colère contre toi. Il dit que tu es une paresseuse, et que tu t'amuses à baguenauder. Je vais t'apprendre à perdre ton temps. Où sont les pommes-de-terre que tu es allée acheter? Est-ce que tu n'en a pas?

LA PETITE FILLE.

Pardonnez-moi, ma mère, j'en ai; et voilà ce brave monsieur.....

LA MÈRE.

Eh bien! que veux-tu dire?

M. DE VERTEUIL.

Ma bonne amie, ne grondez pas votre fille. Elle n'est pas coupable. Est-ce un fardeau si lourd qu'il faut donner à porter à un enfant? Nous l'avons trouvée ici près qui se désolait. Elle était si lasse, qu'elle ne pouvait plus faire un pas. Alors j'ai pris son sac, et je lui ai dit que je le porterais pour elle.

LA MÈRE.

Quoi! mon cher monsieur, vous avez pu avoir

tant de bonté? (*Elle prend le sac et le charge sur sa tête.*)

M. DE VERTEUIL.

Et pourquoi non, ma bonne amie? Ne sommes-nous pas tous dans ce monde pour nous aider les uns les autres? Aurais-je dû laisser cette petite fille pleurer de douleur, sans lui tendre la main pour la secourir? Je vous le demande à vous-même, n'aurais-je pas été bien méchant?

LA MÈRE.

Ah! monsieur, que je vous ai d'obligations! Il est bien vrai que son maître est un peu dur, et qu'il demande trop d'un enfant. Ce sac est sûrement trop pesant pour elle. Il n'y a pas de reproche à lui faire. Console-toi, ma pauvre Madelon, tu ne retourneras plus chez ton maître; je te placerai chez un autre qui sera plus compatissant. Remercie bien ce brave monsieur, pour t'avoir si bonnement secourue. Tu peux retourner tout droit à la maison. Je vais porter les pommes-de-terre chez M. Bertrand, et lui dire que tu n'es plus à son service.

M. DE VERTEUIL.

Oui, ma bonne amie, cherchez pour votre fille un maître plus sensible et plus raisonnable. Ceux qui ne savent pas ménager les gens qui les servent, et qui, sans pitié, leur imposent un travail au-dessus de leur forces, méritent de s'en voir abandonnés

LE VOL.

Mme DE LIMEUIL, MAXIMIN, son fils; MINETTE, sa nièce.

MINETTE, *en entrant.*

Bonjour, ma chère tante; bonjour, Maximin.

MAXIMIN, *froidement.*

Bonjour, ma cousine.

MINETTE.

Oh! les jolies choses que tu as là, mon cousin! veux-tu que je joue avec toi?

MAXIMIN.

Non, je te remercie. (*Il ramasse avec un air d'inquiétude tous ses joujoux.*)

MINETTE.

O mon cher Maximin! je te prie, laisse-les moi regarder. Nous nous amuserons bien joliment ensemble.

MAXIMIN.

Non, Minette, j'en suis fâché; mais cela ne se peut pas. (*Il met tous ses joujoux dans un tiroir, le ferme avec précaution, et se tient debout devant la commode, en regardant Minette d'un œil soupçonneux.*)

MINETTE.

Eh bien! mon cousin, pourquoi ne veux-tu pas me laisser jouer avec toi? cela n'est pas joli, au moins. N'est-ce pas, ma tante? Oh! dites-lui, je vous prie, de me laisser voir un moment ses joujoux.

Mme DE LIMEUIL.

Écoute donc, ma chère nièce, Maximin n'a pas si grand tort de ne vouloir pas te laisser jouer avec lui; tu lui pris hier sa petite clochette.

MINETTE, *avec embarras.*

Moi, ma tante?

Mme DE LIMEUIL.

Oui, oui, je sais que tu l'as prise sans qu'il s'en aperçût; je le sais, que tu l'emportas chez toi. Et ce matin, au lieu de la lui rendre lorsqu'il te l'a envoyé demander, tu as répondu au domestique que tu ne savais ce qu'il voulait dire.

MINETTE *en rougissant.*

Ma chère tante, je vous demande bien excuse. Je ne le ferai plus; et demain, sans plus tarder, je rapporterai la clochette.

Mme DE LIMEUIL.

Je te le conseille, Minette; autrement, je le dirai à ta maman, et tu seras sévèrement punie. C'est une chose épouvantable de prendre ce qui ne nous appartient pas. Sais-tu que c'est là proprement ce qu'on appelle voler? ce qui est un des vices les plus honteux.

MINETTE.

Ah! ma chère tante, combien vous me faites rougir!

Mme DE LIMEUIL.

Il te sied bien, à présent, d'être étonnée de ce que mon fils ne veut plus faire société avec toi. N'est-ce pas ta faute? Tu peux en juger toi-même. Lorsque ta cousine Adélaïde vient me voir, Maximin est tout joyeux. Il court à sa rencontre, il l'embrasse, il lui prête tous les joujoux qu'elle veut avoir, et ils jouent ensemble toute la soirée tranquilles et contens. Maximin sait qu'Adélaïde est une petite fille bien née, qui rougirait d'emporter furtivement la moindre chose de chez un autre. Il n'en est pas de même lorsque tu viens ici. Mon fils est triste de te voir arriver. Tous ses plaisirs sont aussitôt interrompus, parce qu'il se défie de toi, et qu'il a peur que, sous prétexte de vouloir jouer avec lui, tu ne détournes ses joujoux pour les emporter.

MINETTE.

Mais, ma chère tante...

Mme DE LIMEUIL.

Que pourrais-tu dire? réponds-moi seulement. Te souviens-tu du jour où Cécile te déroba les habits de ta poupée?

MINETTE.

Hélas! oui, je me le rappelle. Elle me les prit, parce que sa poupée, disait-elle, avait perdu les siens.

Mme DE LIMEUIL.

En vérité, voilà une belle raison. Et comment fis-tu les autres jours lorsqu'elle venait jouer avec toi?

MINETTE.

J'avais bien soin qu'elle ne touchât pas à mes affaires. Aussitôt que je la voyais manier la moindre chose, je la lui retirais bien vite des mains, ou je la suivais continuellement des yeux aussi longtemps qu'elle la tenait.

Mme DE LIMEUIL.

Et, dis-moi, trouvais-tu quelque plaisir à jouer, avec la crainte de voir disparaître quelqu'un de tes joujoux? Pouvais-tu avoir un moment de repos, pendant tout le temps que Cécile était dans ta chambre?

MINETTE.

Non, certes, ma tante, il faut l'avouer. Je mourais d'inquiétude et d'ennui pendant sa visite; et je ne me sentais à mon aise que lorsqu'elle s'en était allée.

Mme DE LIMEUIL.

Eh bien! Minette, je te le demande, n'en doit-il pas être de même pour Maximin? Ne doit-il pas être aussi inquiet sur ton compte que tu l'étais sur celui de Cécile? Ne doit-il pas se trouver mal à son aise avec toi, et désirer que tu te retires? Tu as vu comme, à ton arrivée, il s'est empressé de serrer tous ses joujoux. Tu vois maintenant combien il s'ennuie de rester debout en sentinelle devant sa commode, sans oser s'en écarter d'un seul pas, de peur que tu ne profites de ce moment pour lui emporter encore quelque chose. Cela est-il bien amusant pour lui?

MINETTE.

Non, ma tante, j'en conviens.

Mme DE LIMEUIL.

Et si tes amies viennent jamais à savoir que tu dérobes, ce qui ne peut manquer d'arriver un jour, ne feront-elles pas tout comme Maximin ? En quelque endroit que tu ailles, chacun aura soin de serrer toutes ses affaires, de veiller continuellement sur toi, pour voir si tu n'emportes rien. Personne ne pourra te souffrir dans sa société. Tous les plaisirs cesseront à ton arrivée. Tu seras obligée de rester seule dans un coin, et de sécher d'ennui. Mais le plus fâcheux encore, c'est que personne n'aura d'estime ni d'amitié pour toi, et qu'on te montrera au doigt dans la rue comme une voleuse.

MINETTE.

O ma chère tante ! cela ne m'arrivera plus de ma vie, je vous assure, et me voilà entièrement corrigée.

Mme DE LIMEUIL.

Fais-y bien attention à l'avenir. Pour cette fois, je ne le dirai pas à ta maman, et je recommanderai à Maximin de n'en parler à aucun de ses camarades.

MINETTE.

Oh ! oui, mon petit cousin, je t'en prie; ne le dis à personne. Je te rendrai ta clochette, et je te donnerai encore une jolie bourse pour serrer ton argent.

MAXIMIN.

Non, non, je ne veux pas de ta bourse; rends-moi seulement ma clochette.

Mme DE LIMEUIL

Sois tranquille, Minette. Maximin te gardera le secret, dans l'espérance que tu ne manqueras pas de te corriger. Mais, s'il acceptait la bourse que tu lui offres pour acheter son silence, ce serait alors comme s'il était de moitié de ta faute, et je ne l'estimerais plus. C'est pourquoi je lui sais bon gré de t'avoir refusée. Mais, je te le répète encore; prends bien garde de ne plus te rendre coupable. Si cela t'arrivait une seule fois, je ne pourrais m'empêcher d'en avertir ta maman, et de l'engager même à te punir avec la plus grande rigueur; car je ne voudrais, pour rien au monde, avoir une voleuse dans ma famille. Pour toi, Maximin, tu n'as plus rien à craindre maintenant de minette, et tu peux jouer avec elle en toute sûreté.

MAXIMIN.

Allons, maman, je le veux bien sur votre parole. Je ne me défie plus de ma cousine, si elle a autant de peur de vous déplaire que j'en aurais à sa place.

LE TRAVAIL.

M. DE VERTEUIL, ADRIEN, son fils.

ADRIEN.

Regardez, mon papa, je vous prie : voilà un bien joli petit enfant que cette femme a dans ses bras. Il ressemble à mon petit frère Alexandre.

M. DE VERTEUIL.

Il est fort joli, vraiment. Vois aussi cette petite fille qui est assise auprès de sa mère. Elle a les plus jolies couleurs du monde.

ADRIEN.

Oui, mon papa, comme Pauline.

M. DE VERTEUIL.

En voilà un autre dans un coin ; c'est l'aîné, sans doute. Il travaille avec tant d'ardeur, qu'il ne se détourne pas seulement pour nous regarder.

ADRIEN.

C'est une bonne leçon qu'il me donne.

M. DE VERTEUIL.

Cette femme devrait être bien contente d'avoir de si beaux enfans ; et cependant elle a l'air triste.

ADRIEN.

Mon papa, je crois qu'elle pleure.

M. DE VERTEUIL.

Elle pleure, en effet. Il faut lui demander ce qu'elle a.

ADRIEN.

Oui, oui; nous pourrons peut-être la tirer de peine.

M. DE VERTEUIL, *en s'avançant vers la pauvre femme.*

Bonjour, ma bonne femme. Vous avez là de bien jolis enfans.

LA PAUVRE FEMME (*en poussant un soupir, et en pressant son fils contre son sein*).

O monsieur! je les aime bien aussi. (*Elle essuie ses larmes qui recommencent à couler.*)

M. DE VERTEUIL.

D'où vient donc que vous êtes si triste?

LA PAUVRE FEMME.

Hélas! monsieur, ces pauvres enfans ont crié tout aujourd'hui pour avoir du pain; et je n'en ai pas un morceau à leur donner. Mon mari est malade depuis trois mois. J'ai dépensé pour lui tout ce que j'avais. Il m'a fallu vendre tous mes meubles l'un après l'autre. Mon mari ne peut pas bouger de son lit, et je suis avec ces deux enfans sur les bras. Celui-ci, qui travaille à filer au rouet, est un brave garçon. Il fait de son mieux pour nous gagner quelque chose. Mais que peut-on faire à son âge! il est trop petit; il n'a encore que six ans. (*Le petit garçon essuie ses yeux du revers de sa main, et se remet au travail avec une nouvelle ardeur.*) La saison rigoureuse est prête à venir au milieu de ces embarras. Oh! combien j'aurai à souffrir tout le long de l'hiver avec mon mari et mes enfans! (*Elle laisse tomber sa tête sur son fils qu'elle presse contre son sein, et commence à sangloter.*)

ADRIEN.

O mon papa! la pauvre femme, que je la plains! maman m'a donné vingt-quatre sous pour les employer comme je voudrais; me permettez-vous de les donner à cette malheureuse famille?

M. DE VERTEUIL.

Très-volontiers, mon ami.

ADRIEN, *sautant de joie.*

O mon papa, que je vous remercie! (*Il fouille précipitamment dans sa poche.*) Tenez, ma bonne amie, prenez ces vingt-quatre sous. Achetez-en du pain, et donnez à vos enfans de quoi manger.

LE PETIT GARÇON (*quittant son rouet, et courant baiser la main d'Adrien.*)

Oh! grand merci, mon cher petit monsieur; nous avions tant de faim! Mon père et ma mère sont si à plaindre! (*Il retourne aussitôt à son ouvrage.*)

ADRIEN, *les larmes aux yeux.*

Ah, mon papa! je n'ai rien de plus. Mais vous, n'auriez-vous pas quelque chose pour ce pauvre enfant?

M. DE VERTEUIL.

Tu m'as donné un trop bon exemple, mon fils, pour que je ne m'empresse pas de le suivre. (*Au petit garçon.*) Viens, mon cher ami; tu es un brave enfant de travailler avec tant d'ardeur pour soulager ton père et ta mère. Sois toujours aussi laborieux, et tu ne manqueras pas de trouver d'honnêtes gens qui te donneront des secours. On aime les enfans diligens : mais, pour les enfans paresseux, on n'en prend aucune pitié. Tiens, voilà un écu. Donne-le à ta mère, qui vous en achètera du pain. Toutes les semaines nous viendrons vous voir.

LA PAUVRE FEMME.

Je vous remercie mille et mille fois, mon digne monsieur. Je suis maintenant en état de donner à mon mari quelque chose qui le fortifie.

M. DE VERTEUIL.

Mais, dites-moi, ma bonne amie, avez-vous un bon médecin pour le malade?

LA PAUVRE FEMME.

Oui, monsieur, grâce au ciel, j'ai à présent un très-bon médecin. Il demeure là vis-à-vis. C'est un bien digne homme. Depuis trois semaines, il vient tous les jours voir mon mari. Je peux dire qu'il en prend soin comme si c'était un grand seigneur. Il ne peut rien faire de plus.

M. DE VERTEUIL.

Je suis charmé de ce que vous me dites. Un médecin charitable est l'homme le plus utile pour les pauvres. Il peut faire beaucoup de bien autour de lui, sans qu'il lui en coûte. Mais, les remèdes, comment les avez-vous?

LA PAUVRE FEMME.

Ce brave homme nous les donne aussi pour rien.

M. DE VERTEUIL.

Vous m'inspirez une grande estime pour ses vertus.

LA PAUVRE FEMME.

C'est bien dommage qu'il n'ait pas vu mon mari dans le commencement de sa maladie, il l'aurait déjà guéri. Mais il n'y a qu'un mois qu'il est venu loger dans notre voisinage, et ce n'est que par hasard que je l'ai connu.

M. DE VERTEUIL.

Vous n'avez qu'à bien exécuter ce qu'il vous ordonnera. Dans la saison où nous sommes, la santé est quelquefois long-temps à revenir. Il faut avoir du courage et de la patience.

LA PAUVRE FEMME.

Ah! monsieur, j'espère que je n'en manquerai pas. Depuis que je me connais, je suis accoutumée à attendre et à souffrir.

M. DE VERTEUIL.

Je suis enchanté de vous voir si bien résignée. Je vous souhaite de tout mon cœur un état plus heureux. Nous reviendrons bientôt vous faire notre visite.

LA PAUVRE FEMME.

Vous me trouverez toujours bien reconnaissante de votre bonté. (*A la petite fille qui est assise auprès d'elle.*) Lève-toi, Jeannette; va baiser la main à ces bons messieurs.

ADRIEN, *embrassant Jeannette.*

Adieu, ma petite amie; adieu, mes enfans; adieu, ma bonne femme. (*Il sort avec son père.*)

M. DE VERTEUIL.

Adrien, que dis-tu de ces pauvres malheureux?

ADRIEN.

Je suis bien aise que vous leur ayez aussi donné quelque chose pour les consoler.

M. DE VERTEUIL.

Quand les pauvres veulent travailler, et qu'ils ne le peuvent pas, soit par maladie, soit faute d'ouvrage, il est de notre devoir de les secourir autant que nous le pouvons. Mais, lorsqu'ils sont paresseux, c'est leur faute s'ils souffrent. Ils ne méritent aucune pitié, il faut les laisser pâtir jusqu'à ce que la misère leur ait donné une bonne leçon. Autrement ils n'en deviennent que plus fainéans, et ils finissent par devenir des scélérats. Mais ce petit garçon qui travaillait au rouet, c'est un brave enfant. As-tu remarqué comme il paraissait propre sur ses habits?

ADRIEN.

Oui, mon papa.

M. DE VERTEUIL.

Les enfans doux et diligens ont ordinairement de la propreté. Mais les enfans opiniâtres et paresseux sont toujours en désordre. Tu vois combien celui-ci m'a intéressé. Sois donc, à son exemple, patient, laborieux et appliqué, tu verras tout le monde s'intéresser en ta faveur.

ADRIEN.

Mais, mon papa, est-ce qu'il me faut apprendre à filer au rouet comme ce petit garçon?

M. DE VERTEUIL.

Tous les hommes ne sont pas destinés aux mêmes travaux; je t'en expliquerai un jour la raison, lorsque tu seras en état de la comprendre. Il suffit à présent que tu t'occupes avec ardeur de ce que je crois nécessaire pour ton instruction; elle fera un jour le bonheur de ta vie. En attendant, tu auras le plaisir de m'entendre dire de toi, comme la pauvre femme disait tout à l'heure de son fils : C'est un brave enfant, il fait tout ce qu'il peut pour remplir ses devoirs; et alors ne seras-tu pas bien joyeux?

ADRIEN.

Oui, mon papa, puisque vous devez m'en aimer davantage.

LE DANGER DE CRIER POUR RIEN.

Mme DE VERTEUIL, PAULINE, sa fille.

Mme DE VERTEUIL.

Qu'est-ce donc, Pauline? Pourquoi pleurer si fort?

PAULINE, *en sanglottant.*

O maman! j'ai voulu prendre un verre d'eau sur la table, je me suis heurté le bras contre cette table, et il m'est tombé de l'eau froide sur le cou.

Mme DE VERTEUIL, *d'un ton ironique.*

Est-il bien possible?

PAULINE.

Oui, maman, je vous assure.

Mme DE VERTEUIL.

Voilà un terrible malheur. En vérité, cela vaut bien la peine de tant crier. N'as-tu pas honte d'être encore si enfant? Sais-tu d'ailleurs que tu peux te faire infiniment de tort en criant ainsi?

PAULINE.

Eh! quel tort puis-je donc me faire, maman?

Mme DE VERTEUIL.

Je vais te le dire. Lorsqu'un enfant pousse des cris, il est tout naturel de croire qu'il s'est fait beaucoup de mal, ou qu'il est dans quelque danger; alors on s'empresse de courir à son secours. Mais si tu prends l'habitude de crier sans sujet, et que l'on vienne à s'apercevoir que le plus souvent on prend une peine inutile à courir auprès de toi pour te secourir, on se dira à la fin : Nous aurions de l'occupation toute la journée, si nous avions la bonté de courir toutes les fois que Pauline prend la fantaisie de crier. C'est pourquoi l'on ne viendra jamais à tes cris, parce que l'on pensera toujours que c'est pour une bagatelle que tu fais un pareil vacarme, et alors il faudra que tu restes sans secours.

PAULINE.

Mais, maman, si j'en avais réellement besoin?

Mme DE VERTEUIL.

Et comment veux-tu qu'on le devine? Dis fois

par jour, c'est pour rien que tu cries, comment veux-tu qu'à la onzième fois on puisse justement savoir que c'est alors tout de bon, et que tu as vraiment besoin d'être secourue? Tu dois, par conséquent, bien compter que l'on ne fera plus la moindre attention à tes cris, aussi long-temps que tu garderas ta mauvaise habitude de crier pour une bagatelle. Il en est tout autrement de ton frère. On sait fort bien qu'il ne crie jamais que lorsqu'il faut qu'on aille absolument auprès de lui. Et de cette manière lorsqu'il crie, c'est une marque qu'il a véritablement besoin de secours. Mais pour toi, ma fille, on ne doit point s'embarrasser de tes cris. On ne sait jamais ce que cela signifie, si c'est pour une bagatelle, ou pour quelque chose d'essentiel.

PAULINE.

Il est vrai, maman; vous m'en faites bien sentir la raison.

Mme DE VERTEUIL.

Veux-tu que je te raconte ce qui est arrivé une fois à un petit garçon qui criait toujours pour rien, et qui faisait même encore pis que tu ne fais?

PAULINE.

Oh! voyons, je vous prie, maman.

Mme DE VERTEUIL.

Ce petit étourdi se faisait un vilain plaisir de donner aux autres des inquiétudes par ses plaintes. A la moindre aventure, il se mettait à pousser des cris perçans, comme s'il lui était arrivé du mal; et puis, lorsqu'on arrivait près de lui, on voyait que c'était pour une bagatelle à peu près comme ton verre d'eau. Il criait même souvent sans aucun sujet, pour donner des alarmes aux domestiques, les faire accourir à ses côtés, et se moquer d'eux. Tantôt il courait précipitamment sur l'escalier, et faisait tout-à-coup avec les pieds un grand bruit, comme s'il fût tombé et qu'il eût roulé du haut en bas, tandis qu'il n'avait fait que se coucher doucement à terre. Tantôt il frappait un grand coup sur la table, après s'être barbouillé le visage du jus de cerises, pour avoir l'air de s'être fait un grand trou à la tête et d'être tout en sang. Dans le commencement, on ne manquait pas d'accourir aussitôt à ses cris. Mais, lorsqu'on y eut été trompé un certain nombre de fois, on le laissait frapper des pieds, se rouler, pousser des cris autant qu'il le voulait, sans se déranger pour cela. Enfin un jour il arriva qu'il se mit en tête de grimper sur une échelle; l'échelon sur lequel il mettait le pied se rompit; en sorte qu'il tomba du haut en bas, et se disloqua entièrement une jambe. Alors, comme tu le comprends bien, il se mit à crier de toutes ses forces; mais on n'y fit pas plus d'attention qu'à l'ordinaire, parce que l'on ne savait pas que cette fois-ci c'était sérieusement. Il fut donc obligé de rester à terre, parce que sa jambe était démise; il ne pouvait pas se lever, et il souffrit des douleurs très-aiguës. Enfin, par hasard, il vint auprès de lui un domestique. Celui-ci vit tout de suite à sa mine que ce n'était pas pour rien qu'il criait cette fois. Il le prit aussitôt dans ses bras, le porta sur son lit, et alla lui chercher un chirurgien. Mais comme il était resté long-temps sans secours, sa jambe s'était considérablement enflée; et il souffrit infiniment plus qu'il n'aurait souffert, si l'on était allé tout de suite à son secours. Il ne fut même plus possible de redresser sa jambe, en sorte qu'il en resta estropié toute sa vie. Par ce malheur, il se déshabitua de sa mauvaise coutume, mais un peu trop tard, comme tu le vois.

PAULINE.

C'était payer un peu cher sa faute.

Mme DE VERTEUIL.

Fais-y donc bien attention, Pauline, et profite de l'exemple de ce petit malheureux, avant qu'il ne t'en arrive autant qu'à lui. Je sais bien que tu ne cries pas pour nous inquiéter ou nous faire peur; mais ton enfantillage aurait d'aussi mauvaises suites que sa tromperie. On ne peut pas plus savoir de toi que de lui, si tu cries pour une bagatelle, ou si c'est vraiment parce que tu as besoin de secours; et par conséquent on te laisserait, ainsi que lui, sans assistance. Comme on aurait été trompé plus d'une fois à tes cris, on y ferait aussi peu d'attention qu'au discours d'un enfant qui se serait accoutumé à mentir, et de la parole duquel on ne fait aucun cas, même lorsqu'il dit la vérité, parce que l'on ne peut plus savoir s'il la dit en effet. Apprends donc à souffrir patiemment, et sans crier, de petits accidens pour que tu puisses toujours avoir du secours, lorsque tu en auras véritablement besoin.

PAULINE.

Oui, maman, je vous remercie de votre histoire; me voilà toute corrigée, et je ne crierai plus que dans les grandes occasions.

LA CONSCIENCE.

Mme DE VERTEUIL, PAULINE, sa fille.

Mme DE VERTEUIL.

Pauline, lorsqu'en jouant avec ton frère, qui est plus faible et plus petit que toi, il t'arrive de lui prendre quelque chose de force, ou de le battre, en un mot de lui causer du chagrin, ne sens-tu pas en toi-même que c'est fort mal fait, et n'as-tu pas bientôt du regret de t'être comportée de cette indigne manière?

PAULINE.

Oui, maman, je l'avoue; je ne suis plus aussi joyeuse qu'auparavant, et je me veux du mal d'avoir été si méchante.

Mme DE VERTEUIL.

Et si, dans un mouvement de dépit contre lui, tu entrais dans sa chambre quand il n'y serait pas, et que, pour lui faire de la peine, tu jetasse dans le feu les joujoux dont il s'amuse, ne sentirais-tu pas bientôt une inquiétude secrète, comme si tu avais peur de quelqu'un, quand même tu aurais été seule lorsque tu aurais fait ton coup, et que, parconséquent, tu n'eusses aucune punition à craindre?

PAULINE.

Ah! maman, vous avez raison.

Mme DE VERTEUIL.

Il semblerait, à la vivacité de ta réponse, que tu aurais fait quelque chose de ce genre.

PAULINE.

Eh bien! maman, vous devinez encore. Je vais vous conter ma malice. Hier, au soir, Henriette ne voulut pas me prêter le mouchoir de sa poupée pour habiller la mienne. J'étais dans une grande colère, et cependant je ne dis mot. Mais lorsque ma sœur fut sortie de la chambre, j'allai prendre le mouchoir, et le jetai dans la rue, en disant : Voilà, mademoiselle, ce que vous y gagnez. Vous n'avez pas voulu que j'eusse votre mouchoir, vous ne l'aurez pas non plus; et votre poupée s'en passera comme la mienne.

Mme DE VERTEUIL.

Je ne veux point te gronder, Pauline, puisque tu m'as fait librement l'aveu de ta faute, et que tu me parais en avoir un vif repentir.

PAULINE.

Oh! oui, maman; je ne saurais vous dire combien j'en suis fâchée à présent. Mais ce n'est pas tout : je veux m'en punir, et je donnerai à ma sœur le plus beau mouchoir de ma poupée.

Mme DE VERTEUIL.

Ce sera très-bien fait, et le plus tôt sera le mieux.

Je suis fort aise que tu aies pensé à cela de toi-même. Lorsqu'on a fait tort à quelqu'un, il faut toujours le réparer aussi promptement qu'il est possible. Mais revenons. Tu as déjà éprouvé que l'on ressent du chagrin toutes les fois que l'on a fait mal, même lorsque personne n'en a été témoin, et qu'ainsi l'on n'a aucun sujet de craindre d'en être puni. Personne ne pouvait savoir que tu eusses jeté dans la rue le mouchoir de ta sœur, et cependant tu as été fâchée de l'avoir fait.

PAULINE.

Ah! si je l'ai été, maman!

Mme DE VERTEUIL.

Mais, au contraire, lorsque de ton propre mouvement tu fais pour ta sœur quelque chose qui lui cause beaucoup de plaisir; lorsqu'en voyant ton petit frère courir quelque danger, tu cesses aussitôt de jouer pour voler à son secours; quand tu rencontres dans la rue un pauvre vieillard qui meurt de faim, et que tu lui donnes la moitié de ton déjeûner, ne sens-tu pas en toi-même que tu as bien fait, et n'es-tu pas joyeuse d'avoir agi de cette manière?

PAULINE.

Oui, certes, maman, c'est un grand plaisir.

Mme DE VERTEUIL.

Et ne goûtes-tu pas ce plaisir, quoiqu'il n'y ait personne pour te dire que tu t'es bien comportée?

PAULINE.

Oui, maman,

Mme DE VERTEUIL.

Tu sentais donc en toi-même qu'il était bien d'agir ainsi, et que c'était ton devoir. En sorte, par exemple, que si tu avais mieux aimé continuer de te divertir que de courir au secours de ton frère, j'aurais eu raison de te gronder et de te dire : Comment, Pauline, vous pouviez empêcher votre frère de se blesser, et vous ne l'avez pas fait ! C'est bien mal à vous.

PAULINE.

Oui, maman; je sens en moi quelque chose qui me dit que je mériterais vos reproches.

Mme DE VERTEUIL.

Eh bien ! ma chère Pauline, ce sentiment de chagrin et de repentir sur le mal que nous avons fait; ce sentiment de satisfaction et de joie sur le bien que nous faisons, la persuasion où nous sommes qu'il est de notre devoir de nous abstenir de l'un et de pratiquer l'autre, c'est ce qu'on appelle conscience. Et ces sentimens, cette conscience, Dieu nous les a donnés à tous dans notre cœur, afin que, dans chaque occasion, nous puissions savoir ce que nous devons faire et ce qu'il nous faut éviter.

PAULINE.

Ah ! maman, si vous vouliez me servir de conscience, je serais bien plus sûre après vous avoir demandé votre avis, du parti que j'aurais à prendre.

Mme DE VERTEUIL.

Je me ferai toujours un devoir de t'aider de mes conseils; mais je ne suis pas avec toi à tous les momens du jour. D'ailleurs, il faut que tu apprennes de bonne heure à consulter tes propres sentimens pour régler ta conduite.

PAULINE.

Oh! je vous promets bien de ne rien faire d'essentiel sans les écouter.

Mme DE VERTEUIL.

Oui, ma chère fille; lorsque tu voudras faire quelque chose, et que tu sentiras en toi-même que cela serait mal et que tu en aurais du regret, ne le fais jamais, quelque envie que tu en aies dans le moment. Pour satisfaire un instant ta fantaisie, tu aurais sur le cœur de la tristesse pendant plusieurs heures, pendant plusieurs jours, et même si la chose était grave, pendant des années entières. Tu l'as déjà éprouvé au sujet du mouchoir de la poupée d'Henriette. Au moment où tu l'as jeté dans la rue, tu as goûté peut-être quelque plaisir à contenter ton dépit; mais combien de fois ensuite n'as-tu pas senti de la honte en te rappelant cette vilaine action?

PAULINE.

Cel ma empêché de dormir toute la nuit.

Mme DE VERTEUIL.

Ainsi les sentimens de confusion et de tristesse que tu as eus à cette occasion, sont bien plus nombreux que ceux que tu as goûtés à remplir ta vengeance?

PAULINE.

O maman; il n'y a pas de comparaison.

Mme DE VERTEUIL.

Je vais te citer un autre exemple. Supposons qu'un

petit garçon eût une forte envie de jouer avec un cheval de bois, et que n'en ayant pas un à lui, et ne voyant pas d'autre manière de s'en procurer, il allât dérober celui de l'un de ses camarades, alors il aurait bien un cheval avec lequel il pourrait jouer, et cependant en serait-il plus heureux pour cela?

PAULINE.

Mais, maman, au moins serait-il bien joyeux d'avoir un joli cheval.

Mme DE VERTEUIL.

Oui, au premier instant peut-être. Mais voyons ensuite ce qui en arriverait : si la chose venait à être découverte, tu sens à merveille qu'il n'aurait pas long-temps à jouir de son cheval, et qu'il paierait cher la jouissance qu'il en aurait eue.

PAULINE.

Il est bien vrai, maman; mais si personne n'en savait rien?

Mme DE VERTEUIL.

Il le saurait toujours, lui; et il ne pourrait se le pardonner à lui-même. Il ne prendrait jamais ce cheval pour jouer, qu'il ne lui vînt aussitôt dans la pensée : C'est un vol que j'ai fait. Si mes camarades venaient à l'apprendre, ils me regarderaient avec mépris, et ils ne voudraient plus me souffrir dans leur compagnie, parce que je suis un voleur; et, quoique personne n'en soit instruit, je n'en suis pas moins méprisable à mes propres yeux. Au milieu de ces tristes pensées, crois-tu qu'un petit garçon puisse avoir bien du plaisir à jouer avec un cheval de bois?

PAULINE.

Non, je ne le crois pas, maman.

Mme DE VERTEUIL.

Et puis, dans quels tourmens continuels ne serait-il pas obligé de vivre, par la crainte d'être découvert, et de voir punir son indignité? Il n'oserait jouer avec son cheval que lorsqu'il sera seul; et, au moindre bruit qui se ferait entendre, il irait le cacher dans un coin, et se cacher lui-même. Pèse bien tout cela, et dis-moi ensuite si, dans le fait, ce cheval ne lui donnerait pas encore plus de peine que de plaisir?

PAULINE.

Oh! il n'y a pas de doute, maman.

Mme DE VERTEUIL.

Tu vois, par tout ce que nous venons de dire, ma chère Pauline, que Dieu qui nous aime comme ses enfans, et qui sait que nous ne pouvons être heureux qu'en faisant le bien, a mis dans nos cœurs un sentiment que nous ne pouvons étouffer, et qui nous détourne de faire le mal pour nous empêcher d'être malheureux. Il a même fait davantage, il a voulu que ce qui se passe alors au dedans de nous-mêmes se découvrît aux regards des autres pour servir encore à nous retenir.

PAULINE.

Et comment cela se découvre-t-il, maman?

Mme DE VERTEUIL.

Tu peux en voir un exemple dans les enfans qui disent un mensonge. Sans que personne puisse savoir encore si leurs discours sont des faussetés, ils ne peuvent s'empêcher de balbutier et de rougir, par ce sentiment de honte qui s'élève en notre cœur quand nous faisons une chose condamnable. N'as-tu pas vu la petite Agathe, lorsqu'elle ment ?

PAULINE.

Oui bien, maman. Hier encore, elle rapportait de son frère quelque chose qui n'était pas vrai. A mesure qu'elle s'enfilait dans son mensonge, sa langue s'embarrassait, et ses joues devenaient rouges comme du feu. Alors sa tante lui dit : Fi donc, Agathe! comment avez-vous pu dire cela ? N'avez-vous pas de honte d'être si menteuse ? Il fallu avouer que ce qu'elle disait de son frère n'était pas véritable ; et cela fut très-heureux pour le pauvre innocent, car il aurait été rudement tancé, si l'on avait pensé qu'Agathe eût dit vrai sur son compte.

Mme DE VERTEUIL.

Voilà qui te prouve combien il est utile que Dieu nous ait donné ce sentiment intérieur qui se manifeste au dehors, non-seulement pour nous détourner de faire le mal, par la crainte d'être découverts, mais encore, si nous le faisons, pour empêcher, en le découvrant, que les autres n'en souffrent du dommage.

PAULINE.

Oh! je sens cela, maman.

Mme DE VERTEUIL.

Lorsque tu seras plus grande, et que tu connaîtras davantage les hommes, tu verras qu'après avoir commis quelque mauvaise action, ils sont toujours inquiets, sombres et agités, quand il n'y aurait personne au monde qui pût les punir. Ils savent qu'ils ont mérité leur châtiment, et que, s'ils ne le reçoivent pas de la main des hommes, ils le receveront tôt au tard de la main de Dieu. Le ciel, comme je te le disais, a voulu que nous fussions heureux sur la terre, et il a attaché notre bonheur à la pratique du bien. Ton père et moi, nous sommes toujours attentifs à te détourner par nos instructions de ce qui pourrait te rendre moins heureuse; de même, Dieu, notre père à tous, veille sans cesse à nous détourner par notre conscience de ce qui pourrait faire notre malheur. S'il est de ton devoir d'entendre nos conseils et d'en profiter, ne sommes-nous pas encore plus fortement obligés d'écouter et de suivre les conseils de Dieu ? et ne serions-nous pas doublement punissables en nous rendant criminels ? Il n'y aurait rien alors pour nous servir d'excuse. Nous ne pourrions pas dire : Je ne savais pas que je faisais mal ; car nous le savions, et nous n'avons pas laissé de le faire malgré cela. Cette conduite n'est-elle pas infiniment coupable ?

PAULINE.

J'en conviens, maman.

Mme DE VERTEUIL.

Souviens-toi donc toujours, ma chère fille, que la voix de ta conscience est celle de Dieu même, qui crie en toi pour te prévenir de ce que tu dois faire et de ce que tu dois éviter. Lorsque tu désobéis à cette voix, c'est à Dieu même que tu désobois. Et ne serait-ce pas une ingratitude bien affreuse de ta part envers celui qui t'a fait tant de bien, qui continue de t'en faire encore tous les jours, et qui ne te demande d'autre prix de ses bienfaits, que de les employer à ton bonheur et à celui de tes semblables, pour trouver tous les jours de nouvelles raisons de l'aimer?

PAULINE.

O maman! je ne veux pas être une ingrate.

Mme DE VERTEUIL.

Je ne crains pas non plus que tu le deviennes, après l'impression qu'a dû te faire cet entretien. Je n'ai cherché jusqu'à présent qu'à t'amener à l'amour du bien par des sentimens de douceur; il ne me reste plus qu'à t'inspirer encore l'horreur du mal par une histoire qui te le fera détester.

PAULINE.

Oh! voyons, maman.

Mme DE VERTEUIL.

Écoute. Un joaillier, d'une grande richesse, fut obligé, par les affaires de son commerce, d'entreprendre un voyage. Il partit, accompagné d'un seul domestique, emportant avec lui dans sa valise pour une somme considérable de ses bijoux les plus précieux. La valeur de ce trésor tenta son domestique infidèle. Comme il aidait son maître à descendre de cheval dans un endroit écarté, il prit un pistolet qu'il portait à la ceinture, lui cassa la tête, et, lui ayant attaché une grosse pierre au cou, il le jeta dans une rivière, qui coulait près du chemin il chassa aussitôt son cheval dans la forêt, monta sur celui de son maître qui portait les bijoux; et, après avoir traversé la mer, il se retira dans une petite ville d'Angleterre, où il avait sujet de croire qu'il ne serait jamais reconnu. Dans la crainte d'attirer sur lui les regards, il commença par un établissement très-médiocre, qu'il eut l'adresse de n'augmenter que par degrés. De cette manière, personne ne fut surpris de lui voir prendre au bout de quelques années un état brillant, dont il paraissait redevable à un trravail opiniâtre, à son économie et à son habileté. Cette conduite extérieure lui acquit une si grande considération, qu'on ne balança pas à lui donner en mariage l'une des plus riches demoiselles de la ville; et comme il se montrait toujours affable et généreux, il fut élevé, d'un suffrage unanime, à la première place de la magistrature. Il se comporta long-temps d'une manière très-distinguée dans son nouvel état, jusqu'à ce qu'un jour, comme il était assis dans son tribunal avec les autres juges qu'il présidait, on amena devant lui un homme accusé d'avoir tué son maître pour le voler. On fit entendre les témoins; et, sur leurs dépositions, les jurés déclarèrent que cet homme était coupable. L'assemblée attendait en silence que le juge prononçât la sentence de mort. Tous les regards étaient fixés sur lui. Soudain on le voit changer de couleur, lever les bras au ciel, et passer tour-à-tour d'un profond abattement à des agitations extraordinaires. Il s'élance enfin de son siége, à la grande surprise de tous les assistans, court se placer à côté de l'accusé ; et, s'adressant aux juges : Vous voyez, messieurs, leur dit-il, un merveilleux exemple de la juste vengeance du ciel. Après un silence de treize années, sa voix vous dénonce un homme aussi coupable que ce malheureux qui vient d'être convaincu de son crime. Alors il commença le récit du meurtre qu'il avait commis, en insistant sur la noirceur de son ingratitude envers son maître qui l'avait tiré de la poussière, et qui lui avait toujours témoigné la plus grande confiance. Il raconta de quelle manière il s'était dérobé à la justice des hommes, et comment il avait usurpé si long-temps par son hypocrisie l'estime et l'affection de toute la contrée. Mais, ajouta-t-il, ce malheureux n'a pas plutôt paru devant ce tribunal, que les circonstances du crime dont il était coupable m'ont représenté le mien dans toute son horreur. La main d'un Dieu vengeur m'a frappé. Ma scélératesse s'est retracée à mes yeux sous un aspect si terrible, que je n'ai pu prononcer la sentence contre un homme moins coupable que moi, avant de m'être accusé moi-même. Je ne puis me délivrer des tourmens de ma conscience, qu'en vous suppliant de me punir comme lui. Je déclare ici devant le Juge suprême des juges de la terre, que je suis digne du dernier supplice, et je ne demande d'autre grâce qu'une prompte mort.

En achevant ces mots, il tomba aux pieds des juges sans couleur et sans voix. Sa raison venait de l'abandonner.. Une frénésie violente s'emparait de ses esprits. On fut obligé de le renfermer dans une maison de force, et de le charger de chaînes, pour l'empêcher de se détruire dans les accès continuels de sa rage. Il vécut encore plusieurs années, bourrelé des remords qui avaient déchiré sa tête et son cœur; leçon terrible que la Providence nous donne, à dessein de nous apprendre qu'il n'est pas de juge plus inexorable que notre conscience pour punir nos forfaits.

LES OEUFS.

M. DE VERTEUIL, HENRIETTE, PAULINE, ses filles.

M. DE VERTEUIL.

Regarde, Henriette, ce qu'il y a là sous cette grande cage.

HENRIETTE.

C'est une poule, mon papa. Oh! les jolies petites bêtes qu'elle a auprès d'elle!

M. DE VERTEUIL.

Ce sont des petits poulets ou des poussins. Regarde comme ils ont l'air éveillé, et comme ils courent autour de la grosse poule. La grosse poule est la mère de tous ces poussins.

HENRIETTE.

Voilà une fort jolie famille.

M. DE VERTEUIL.

Et sais-tu comment elle a fait pour les avoir?

HENRIETTE.

Non, mon papa.

M. DE VERTEUIL.

Tu as bien vu les œufs que Nanette va chercher tous les jours au poulailler?

HENRIETTE.

Oui, mon papa. Je suis allée quelquefois les lever avec elle.

M. DE VERTEUIL.

Eh bien! ces œufs, on les a mis sous cette grosse poule. Elle a été pendant trois semaines assise dessus pour les tenir chauds et les couver. Au bout de ce temps, les poussins ont brisé leur coquille et sont venus au jour.

HENRIETTE.

Quoi! mon papa, est-ce qu'il y a des poussins dans tous les œufs.

M. DE VERTEUIL.

Oui, ma fille; dans chaque œuf il y a un poussin.

HENRIETTE.

O mon papa! faites-m'en voir un, je vous prie.

M. DE VERTEUIL.

Je ne pourrai pas te le montrer. Mais, attends, je vais demander un œuf, et l'ouvrir devant toi.) (*Il se fait apporter un œuf, et l'ouvre.*) Regarde, Henriette, tu n'imagines pas qu'il y ait un poussin dans cet œuf.

HENRIETTE.

Non, j'en suis sûre, il n'y en a point.

M. DE VERTEUIL.

Oui-dà, Henriette, tu en es bien sûre? Eh bien! cependant il y a un poussin là-dedans.

HENRIETTE.

Eh! mon papa, comment le savez-vous?

M. DE VERTEUIL.

C'est que si nous avions mis cet œuf pendant trois semaines sous une poule, et qu'elle l'eût couvé pendant tout ce temps, tu en aurais vu sortir un poussin pareil à ceux que tu vois courir. Tous les œufs sont en dedans comme celui-ci, et cependant de tous il sortira un poussin, si l'on met ces œufs sous une poule.

HENRIETTE.

Comment les poussins viennent-ils donc dans l'œuf? Je ne le comprends pas.

M. DE VERTEUIL.

Je ne le comprends pas moi-même, et personne ne peut le comprendre. Il en est tout justement comme du chêne qui sort d'un gland. Nous ne pouvons comprendre comment cela arrive, mais nous voyons que cela arrive tous les jours. Pour te le montrer encore mieux, tous les œufs que Nanette rapportera aujourd'hui du poulailler, je les mettrai sous une poule, et au bout de trois semaines tu verras sortir de chaque œuf un poussin.

HENRIETTE.

Je serai bien curieuse de le voir.

M. DE VERTEUIL.

Je te promets ce plaisir. Mais, Henriette, ce ne sont pas les poulets seulement qui sortent d'un œuf; les oies, les canards, les moineaux, les serins, tous les oiseaux, sortent aussi d'un œuf plus ou moins gros. Je te ferai voir les œufs de la linotte que nous avons à la maison dans une cage.

HENRIETTE.

Ils sont plus petits, sans doute.

M. DE VERTEUIL.

Oui, vraiment. Mais il y a d'autres œufs qui sont bien plus gros que ceux des poulets. Les œufs d'un grand oiseau, que l'on nomme autruche, sont presque aussi gros que ta tête ; et, au contraire, les œufs d'un joli petit oiseau, que l'on nomme l'oiseau-mouche, ne sont à peu près que de la grosseur d'un poids.

HENRIETTE.

O mon papa! qu'ils doivent être jolis!

M. DE VERTEUIL.

Je te mènerai l'un de ces jours au cabinet du roi, où je me ferai un plaisir de t'en montrer de pareils. Mais voici Pauline qui s'avance avec son déjeûner. Pauline, veux-tu que nous donnions à déjeûner à la poule et à ses petits?

PAULINE.

Oui, mon papa; tenez, voici mon pain.

M. DE VERTEUIL.

Donne-s-en toi-même à la grosse poule, tu verras ce qu'elle en fera.

4.

PAULINE.

Oh! comme elle le saisit de son bec!

HENRIETTE.

Elle l'aura bientôt avalé. Mais non, mon papa, voyez, elle le laisse tomber.

M. DE VERTEUIL.

Elle le fait exprès. Elle ne veut pas le manger elle-même; elle le garde pour ses petits. Entends-tu comme elle les appelle?

HENRIETTE.

Oh! les voici qui viennent tous à la fois.

PAULINE.

En voilà un qui emporte le morceau, et les autres qui courent après lui.

M. DE VERTEUIL.

Donne encore un morceau de pain à la poule, elle fera la même chose. Sais-tu pourquoi, Pauline?

PAULINE.

Non, mon papa.

M. DE VERTEUIL.

Elle aime tant ses petits, qu'elle leur laisse manger tout ce qu'on lui donne. Elle ne prendra rien elle-même avant de les avoir vus rassasiés.

PAULINE.

Mais que fait-elle à présent avec ses pattes?

M. DE VERTEUIL.

Elle fouille dans la terre pour voir si elle peut y trouver des vermisseaux que ses petits aiment à manger. Vois, elle vient d'en trouver un. Elle les appelle encore.

PAULINE.

Les voici, les voici qui reviennent.

M. DE VERTEUIL.

Ils mangent le vermisseau; et la mère, qui est aussi friande qu'eux-mêmes de cette nourriture, ne veut pas en prendre sa part. Elle l'abandonne tout entière à ses petits.

PAULINE.

Oh! la bonne maman!

M. DE VERTEUIL.

C'est ainsi qu'elle prend soin de les nourrir tout le long du jour. Mais savez-vous encore, mes enfans, ce qu'elle fait pendant la nuit?

HENRIETTE ET PAULINE.

Non, mon papa.

M. DE VERTEUIL.

La nuit, elle va chercher quelque corbeille dans un coin du poulailler pour se coucher, et elle prend tous ses petits sous son corps et sous ses ailes afin de les tenir chaudement. Voilà comme elle soigne sa jeune famille jusque dans le sommeil. N'est-ce pas une bonne mère pour ses enfans?

HENRIETTE.

Oh! oui, mon papa.

PAULINE.

Je voudrais bien toucher un de ces petits poulets.

M. DE VERTEUIL.

Que fais-tu donc, Pauline? Ne t'avise pas de passer ta main à travers les barreaux de la cage.

PAULINE.

Pourquoi donc, mon papa?

M. DE VERTEUIL.

La poule croirait que tu veux faire du mal à ses petits, et elle te becquetterait jusqu'au sang.

PAULINE.

Mais, mon papa, je ne veux pas leur faire du mal. Je ne veux que les caresser.

M. DE VERTEUIL.

La poule ne sait pas distinguer tes bonnes intentions. Si tu m'en crois, retire ta main, ou il t'en arrivera du mal, je t'en avertis.

(*Pauline retire sa main, et s'assied sur le gazon, tout près de la cage.*)

PAULINE.

Voyez, mon papa, les poulets mangent aussi de l'herbe.

M. DE VERTEUIL.

Oui, Pauline; c'est pourquoi j'ai fait mettre la cage moitié sur le gazon et moitié sur la terre; de cette manière ils peuvent manger de l'herbe et chercher des vermisseaux. Puis, lorsqu'ils ont assez mangé, ils peuvent se reculer sur le gazon, et s'ébattre au soleil. Tiens, en voilà un qui se couche sur le dos et qui joue en agitant ses pattes en l'air.

PAULINE, *en poussant un cri et en pleurant.*

O mon papa! la poule qui vient de me mordre!

M. DE VERTEUIL.

Ne t'en avais-je pas avertie?

PAULINE.

Je n'avais pourtant pas ma main dans la cage; je n'y avais passé qu'un doigt, et la poule me l'a becqueté.

M. DE VERTEUIL.

Je t'avais avertie, ainsi tu n'as que ce que tu mérites. Allons, il ne faut pas pleurer pour une petite douleur; songe plutôt à profiter de cette leçon; c'est apprendre à bon marché combien il importe aux enfans de suivre toujours les conseils de leurs parens.

LA TOILE, LE PAPIER.

M. DE VERTEUIL, ADRIEN, son fils.

M. DE VERTEUIL.

Adrien, veux-tu que je te montre la plante avec laquelle on fait de la toile?

ADRIEN.

Comment donc, mon papa, est-ce que l'on fait de la toile avec une plante?

M. DE VERTEUIL.

Oui, mon fils, c'est avec cette plante que tu vois ici.

ADRIEN.

O mon papa! cela est singulier. La toile est blanche, et cette plante est verte ; à moins qu'il n'en soit comme du bois, qui est toujours blanc dans l'intérieur. La toile est peut-être dans l'intérieur de la plante, lorsqu'on en a ôté l'écorce.

M. DE VERTEUIL.

Non, mon fils, c'est précisément de cette écorce verte que l'on fait la toile ; mais tu comprends bien qu'on ne l'emploie pas dans l'état où tu la vois sur la plante. Il faut la travailler beaucoup avant de venir à bout d'en faire de la toile comme celle de ta chemise.

ADRIEN.

Ma chemise a donc été une plante, mon papa?

M. DE VERTEUIL.

Oui, mon ami ; une plante pareille à celle que tu vois, et que l'on nomme lin.

ADRIEN.

J'ai bien ouï dire plusieurs fois à maman que l'on faisait de la toile de lin ; mais je n'aurais jamais imaginé que la toile nous vînt d'une chose qui lui ressemble si peu.

M. DE VERTEUIL.

Tu as raison. Mais veux-tu que je te dise tous les travaux qu'il faut entreprendre sur cette plante pour en faire de la toile?

ADRIEN.

Je vous en supplie, mon papa ; cela doit être bien curieux.

M. DE VERTEUIL.

On doit d'abord attendre que ces petites graines rondes que tu vois là suspendues soient mûres, parce qu'elles sont fort bonnes à recueillir, soit pour donner la semence, soit pour servir encore à un autre usage.

ADRIEN.

Est-ce qu'on est fait aussi de la toile?

M. DE VERTEUIL.

Non, mon ami; mais on en tire de l'huile; et du marc qui reste de la graine lorsque l'huile en est sortie, on fait des gâteaux pour les vaches.

ADRIEN.

Rien ne se perd, à ce que je vois.

M. DE VERTEUIL.

Il est certain que c'est une des plantes les plus utiles. Pour la préparer à servir à faire de la toile, après l'avoir coupée au bas de la tige, on la met dans l'eau pour l'y laisser rouir. Lorsqu'elle y a été pendant quelque temps, on l'en retire pour la faire sécher. Enfin, quand elle est sèche, on la brise en frappant les tiges avec un instrument de bois.

ADRIEN.

Eh quoi! mon papa, ces plantes ne sont bonnes que lorsqu'elles sont pourries et mises en morceaux?

M. DE VERTEUIL.

On ne les laisse pas entièrement pourrir, et on ne les met pas non plus entièrement en morceaux. Il n'y a que les parties molles qui se pourrissent et qui tombent en pièces. Mais, dans l'écorce, il y a de grands fils minces aussi longs que la tige même, qui sont si forts et si souples, qu'ils ne se gâtent ni ne se rompent, quoiqu'ils aient croupis quelque temps dans l'eau, et qu'on les ait ensuite fortement battus. Ces fils demeurent sains et entiers; et ce sont eux seulement qui peuvent servir à faire de la toile. Tout le reste n'est bon à rien. Les tiges étant brisées par la première opération, on les prend par petits paquets, et ou les bat encore avec des marteaux ou des bâtons, jusqu'à ce que toutes les parties molles soient tombées, et qu'il ne reste plus dans les mains que les longs fils seulement.

ADRIEN.

Et avec ces longs fils, peut-on faire tout de suite de la toile?

M. DE VERTEUIL.

Non, mon ami, ces fils sont encore trop grossiers. Pour les rendre plus fins, il faut employer un instrument que l'on appelle séran.. Cet instrument est une petite planche hérissée de pointes de fer, que l'on assujettit sur un gros billots. On prend des poignées de ces fils grossiers dont nous parlions tout à l'heure, et on les fait passer à travers les pointes du séran, à peu près comme on fait passer tes cheveux à travers les dents du peigne pour te peigner. Les pointes aiguës du séran divisent les fils grossiers en plusieurs fils plus menus, jusqu'à ce qu'ils deviennent aussi fins et plus fins encore que tes cheveux. Puis, lorsqu'ils sont assez fins, on les file au rouet en un fil pareil à celui que ta mère emploie pour coudre; et c'est de ce fil que se fait la toile.

ADRIEN.

Et alors ce fil est-il blanc?

M. DE VERTEUIL.

Non, mon ami, il est gris encore. Mais lorsque la toile est tissue, on l'envoie à la blanchisserie pour la bien laver et l'exposer en plein air sur le gazon. C'est ainsi qu'elle blanchit, de même que tes chemises sales deviennent blanches lorsqu'on les a lavées.

ADRIEN.

Il ne me reste plus qu'à savoir comment la toile se fait.

M. DE VERTEUIL.

Il faudrait le voir pour le bien comprendre. Je te mènerai un jour chez un tisserand; et, en le voyant travailler, tu sauras d'un coup d'œil comment la toile se fait. Mais veux-tu que je te dise ce qu'on fait de la toile, lorsqu'elle est si vieille et si usée qu'on ne peut plus s'en servir?

ADRIEN.

Vous me ferez plaisir, mon papa.

M. DE VERTEUIL.

Eh bien! mon ami, on en fait du papier tel que celui sur lequel j'écris.

ADRIEN.

Oh! voilà qui est singulier. Et comment s'y prend-on, je vous prie?

M. DE VERTEUIL.

On ramasse tous les chiffons de vieux linges que

l'on peut se procurer, et on les jette avec de l'eau dans de grandes cuves sur lesquelles tombent et retombent sans cesse de gros marteaux de bois qui frappent ces chiffons, jusqu'à ce qu'ils soient réduits en une espèce de bouillie. On prend une couche bien mince de cette bouillie sur un châssis carré fait de fil de laiton, à la manière d'un tamis. On renverse ensuite ce châssis sur un drap de laine, et la couche de bouillie y paraît sous la forme d'une feuille de papier. On met par-dessus un second morceau de drap sur lequel on renverse encore, au moyen du châssis, une seconde couche de bouillie, puis on remet par-dessus un autre morceau de drap, puis une autre couche de bouillie, et ainsi de suite. Lorsque les morceaux de drap et les couches de bouillie forment un monceau d'une certaine hauteur, on les met dans le même état sous une presse qui fait sortir l'humidité superflue des couches de bouillie, et leur donne à chacune la consistance d'une feuille de papier. On les reprend ensuite feuille par feuille d'entre les morceaux de drap, et on les laisse sécher. Enfin on répand sur elles une espèce de colle, on les remet encore sous la presse, puis on les retire pour les laisser sécher une seconde fois, et alors on a du papier sur lequel on peut écrire et imprimer. N'est-il pas étonnant que l'on puisse tirer tant de choses utiles de cette plante que tu vois? et ne sommes-nous pas fort heureux d'en recueillir de la semence pour en faire croître de nouvelles l'année prochaine?

ADRIEN.

Oui, certes, mon papa, cela est fort heureux; car autrement nous n'aurions ni linge ni papier.

M. DE VERTEUIL.

Il est encore une autre plante dont on peut faire à peu près le même usage que du lin. Veux-tu que je te la montre?

ADRIEN.

Oui, mon papa, je vous en prie.

M. DE VERTEUIL.

Tiens, en voici de cet autre côté du chemin. Voilà ce qu'on appelle du chanvre. Après avoir recueilli la graine, dont une partie se garde pour la semence et l'autre pour faire de l'huile, on fait rouir les tiges comme celles du lin. On les bat, on les sérance de la même manière; et l'on en retire un fil qui sert à faire de la toile plus grosse que celle du lin. La filasse de chanvre sert aussi à faire toute espèce de cordes, depuis la ficelle jusqu'au câble. En sortant de chez le tisserand où tu auras vu faire de la toile, je te mènerai dans une corderie où tu verras faire des cordres, et de là dans un moulin à papier. De cette manière, tu sauras par toi-même de quelle utilité nous sont ces deux plantes aussi précieuses que le lin et le chanvre, et combien nous devons employer de soin à les cultiver.

LES CHIENS.

M. DE VERTEUIL, ADRIEN, son fils.

ADRIEN.

Mon papa, pourquoi cet homme jette-t-il, avec son bâton, de la terre à ses moutons ?

M. DE VERTEUIL.

Parce que ses moutons iraient courir dans ce champ de blé, et ne manqueraient pas de le brouter ; c'est pourquoi le maître du troupeau paie cet homme pour garder ses moutons dans la prairie. Cet homme, que l'on appelle berger, prend, avec une petite pelle de fer qui est attachée à son bâton, des cailloux ou des mottes de terre, et il sait les jeter assez juste pour atteindre le mouton qui s'écarte du troupeau, et l'empêcher d'entrer dans le champ de blé.

ADRIEN.

Il faut qu'il soit bien adroit. Mais, mon papa, voilà un chien qui mord les moutons.

M. DE VERTEUIL.

C'est le chien de ce berger, qui aide son maître à veiller sur le troupeau. Ce chien est si bien dressé, qu'il exécute tous les ordres que le berger lui donne.

Ce chien est si bien dressé, qu'il exécute tous les ordres que le berger lui donne.

Si le berger lui commande de pousser en avant les moutons, il court derrière eux en aboyant, ou bien il leur mord doucement les pattes de derrière pour les faire avancer. Lorsque le berger lui commande de retenir les moutons, il court au-devant d'eux en aboyant, et les mord doucement par devant, afin de les empêcher d'aller plus loin. Les moutons connaissent tellement ce chien, qu'ils se mettent à courir aussitôt qu'il approche; et de cette manière il peut les conduire où veut son maître. Cela n'est-il pas admirable?

ADRIEN.

Oui, vraiment, mon papa.

M. DE VERTEUIL.

Je me souviens d'en avoir vu un qui semblait être encore plus intelligent. Dès que le berger l'appelait il accourait aussitôt à toutes jambes, et se postait en face pour l'envisager d'un œil attentif. Si le berger lui faisait signe de faire avancer le troupeau, il allait tout de suite le pousser en avant; puis il s'arrêtait, relevait la tête, et regardait fixement dans les yeux du berger pour lui demander si c'était assez, ou s'il devait conduire les moutons encore plus loin. Il savait aussi distinguer les autres signes de son maître, soit pour arrêter le troupeau, soit pour le pousser ou à droite ou à gauche, tandis que le berger restait couché à son aise sous l'ombrage.

ADRIEN.

C'était bien commode pour ce berger.

M. DE VERTEUIL.

Oui, vraiment; les bergers doivent beaucoup à l'intelligence de leurs chiens; et, sans leurs fidèles secours, il serait absolument impossible de garder un grand troupeau. Tu vois que ce berger a au moins une centaine de moutons à conduire; et, avec l'aide de son chien, il les gouverne à son gré sans le moindre embarras. Mais vois-tu rôder dans la plaine un autre chien qui est blanc, avec de grandes taches brunes ?

ADRIEN.

Oui, mon papa, quelle espèce de chien est-ce là ?

M. DE VERTEUIL.

C'est ce qu'on appelle un chien d'arrêt. Te souviens-tu d'avoir goûté quelquefois d'une perdrix ?

ADRIEN.

Oui, mon papa; c'est un fort bon manger.

M. DE VERTEUIL.

Eh bien ! lorsqu'on veut avoir une perdrix, on prend un fusil, et suivi de l'un de ces chiens d'arrêt, on va dans les champs. On laisse courir ce chien autour de soi, pour chercher s'il n'y a point quelque perdrix cachée dans les broussailles, ou sous le chaume. Aussitôt qu'il en aperçoit une, il s'arrête et la regarde fixement. A ce signal, le chasseur s'approche en armant son fusil; la perdrix prend vol : paf, on la tire; elle tombe : le chien court la chercher, et l'apporte à son maître, qui revient au logis, et la donne à cuire pour le dîner,

ADRIEN.

Oh! voyez, mon papa, voilà quatre à cinq grands chiens l'un à côté de l'autre. Que vont-ils faire?

M. DE VERTEUIL.

Ce sont des chiens courans. Vois-tu qu'ils ont de plus longues pattes que les autres?

ADRIEN.

Il est vrai.

M. DE VERTEUIL.

Aussi courent-ils beaucoup plus vite; regarde, en voilà un qui vient de faire lever un lièvre. Le vois-tu? Vois avec quelle vitesse tous les autres le suivent.

ADRIEN.

Oh! oui, je le vois; le lièvre leur fait des crochets, comme j'en fais à mes sœurs lorsqu'elles me poursuivent en jouant. Ah! le pauvre malheureux! ils l'auront bientôt attrapé.

M. DE VERTEUIL.

Je le crains; il commence à être rendu de fatigue.

ADRIEN.

Oh! oui, le voilà déjà investi de toutes parts.

M. DE VERTEUIL.

Il est pris. Vois maintenant comme le plus grand chien le saisit dans sa gueule, et comme il grogne contre les autres chiens en leur montrant les dents.

ADRIEN.

Et pourquoi donc fait-il cela, mon papa?

M. DE VERTEUIL.

Parce que les autres chiens voudraient tous avoir

le lièvre, qu'ils se battraient entre eux pour l'avoir, et qu'en se le disputant ils le mettraient en pièces. Celui qui est le plus fort défend le lièvre contre ses camarades, afin de le porter sans dommage à son maître.

ADRIEN.

Effectivement, il vient de le poser à ses pieds, et voilà le chasseur qui le met dans sa gibecière.

M. DE VERTEUIL.

Veux-tu que je te dise, mon fils, à quoi servent encore les chiens?

ADRIEN.

Très-volontiers, mon papa.

M. DE VERTEUIL.

Lorsqu'on met un chien à l'attache pendant la nuit dans la cour, ou qu'on l'y laisse rôder en liberté, on peut compter qu'il fera bonne garde; car, aussitôt qu'il voit entrer quelqu'un qui n'est pas de la maison, il se met à aboyer de toutes ses forces pour avertir de l'arrivée de cet étranger. De cette manière, on peut aller voir qui est cet homme-là, et si ce n'est pas un voleur. Si c'est une personne suspecte, et qu'elle ne veuille pas se retirer, on n'a qu'à mettre le chien à ses trousses; il aboie contre elle, et la poursuit en cherchant à la mordre. De même, lorsqu'un homme va se promener avec son chien, s'il se présentait quelqu'un pour l'insulter ou lui faire violence, le chien se jetterait à l'instant sur lui, et défenderait son maître au péril même de sa vie. N'est-ce pas un compagnon bien fidèle?

ADRIEN.

Oh! oui, mon papa; c'est comme le petit épagneul de ma tante, qu'elle aime tant. Quand il est sur ses genoux, et que, pour badiner, on fait semblant de la battre, le petit animal se met en colère, il jappe et cherche à s'élancer pour la défendre. Je crois aussi qu'il mordrait de toute sa force si ma tante ne le retenait pas.

M. DE VERTEUIL.

Et n'as-tu pas observé, lorsque ta tante a été quelque temps hors de la maison sans son chien, combien il se montre joyeux de son retour, comme il saute sur ses genoux, comme il lèche ses mains, comme il cherche à lui témoigner par ses transports, à quel point il lui est attaché, et combien il sent de plaisir à la voir?

ADRIEN.

Oui, mon papa; et, quand il l'a bien caressée, il saute à terre et se met à courir autour de la chambre en cabriolant; puis il revient encore devant ma tante, s'élance sur ses genoux, et lui fait mille nouvelles amitiés.

M. DE VERTEUIL.

Les grands chiens ne sont pas moins attachés à leurs maîtres; et, quand ils auraient passés des années sans les voir, ils les reconnaîtraient encore et les aimeraient comme auparavant.

ADRIEN.

Oui, mon papa, cela me fait souvenir du chien d'Ulysse, qui fut le premier à le reconnaître à son retour.

5

LE BEURRE.

MADAME DE VERTEUIL, PAULINE sa fille.

PAULINE.

Maman, que fait là cette femme avec un bâton qu'elle remue dans un petit tonneau?

Mme DE VERTEUIL.

Elle fait du beurre, Pauline.

PAULINE.

Quoi! maman, de ce beurre que je mange quelquefois sur du pain?

Mme DE VERTEUIL.

Oui, ma fille.

PAULINE.

Et comment donc se fait le beurre, s'il vous plaît?

Mme DE VERTEUIL.

Tu as bien vu quelquefois traire les vaches dans la prairie?

PAULINE.

Oui, maman; l'autre jour encore lorsque ma grand'maman nous fit prendre du lait chaud pour notre goûter.

Mme DE VERTEUIL.

Eh bien! Pauline, c'est avec ce lait que l'on fait

le beurre. On le met d'abord reposer au frais dans de grandes jattes. Puis, lorsqu'il y est resté quelque temps, la partie la plus grasse du lait vient flotter au-dessus ; c'est ce qu'on appelle la crême. Tu as bien mangé de la crême avec des fraises ?

PAULINE.

Oui, maman, me tante m'en fit goûter hier. Oh ! c'est bien bon.

Mme DE VERTEUIL.

C'est fort bon en effet. Mais sûrement ta tante ne t'en donna pas beaucoup, car ce n'est pas une nourriture saine pour les enfans.

PAULINE.

Elle ne m'en donna qu'une cuillerée. J'aurais bien voulu en avoir d'avantage.

Mme DE VERTEUIL.

Ta tante avait raison de ne pas vouloir satisfaire ta friandise ; tu en aurais été malade : peut-être aurais-tu été obligée de jeûner tout aujourd'hui, de prendre une médecine, et de rester dans ton lit. Ainsi nous n'aurions pas pu venir nous promener ; n'en aurais-tu pas été bien fâchée ?

PAULINE.

Oui, certes.

Mme DE VERTEUIL.

Tu vois donc que ta tante a fort bien fait de te refuser. Mais je vais continuer de te dire comment se fait le beurre. Lorsque la crême s'est ramassée en flottant au-dessus du lait, on la tire avec une grande cuiller pour la mettre dans une autre jatte ;

de là, on la verse dans un petit tonneau pareil à celui que cette femme a devant elle, et que l'on appelle une baratte.

PAULINE.

Ensuite, maman, je vous prie?

Mme DE VERTEUIL.

Lorsque l'on a versé la crême dans la baratte, on se met à la battre avec un bâton, au bout duquel il y a une petite planche ronde percée de trous. Puis, quand la crême a été quelque temps battue, la partie la plus grasse commence à se séparer, et se rassemble en masse. Alors voilà le beurre fait. Veux-tu que nous allions voir celui qui est dans la baratte de cette femme?

PAULINE.

Je ne demande pas mieux, maman.

Mme DE VERTEUIL.

Viens, ma fille. (*En s'avançant vers la fermière:*) Bonjour, ma bonne amie; voudriez-vous nous permettre de voir comment vous battez votre beurre?

LA FERMIÈRE.

Avec plaisir, madame. Approchez-vous, ma petite demoiselle, je vais vous le montrer.

Mme DE VERTEUIL.

Votre beurre est-il bien avancé?

LA FERMIÈRE.

Oui, madame; il commence à se faire. (*Elle ôte le couvercle de la baratte.*) Vous allez voir.

Mme DE VERTEUIL.

Regarde, Pauline; vois-tu cette masse blanchâtre ? c'est le beurre. Attends, je vais te soulever pour que tu puisses voir jusqu'au fond.

LA FERMIÈRE.

Voyez, ma chère enfant; il y a déjà une partie de la crême qui est devenue du beurre. Tenez, en voici un morceau : goûtez.

PAULINE.

Il est vrai.

Mme DE VERTEUIL.

Regarde maintenant au bout du bâton cette petite planche ronde avec des trous, dont je te parlais tout à l'heure.

PAULINE.

Oui, maman.

Mme DE VERTEUIL.

C'est avec cet instrument que cette bonne fermière a battu sa crême.

LA FERMIÈRE.

Attendez; je vais battre un moment à découvert; vous en verrez mieux ce qui se passe. (*Elle ôte le bâton du trou du cercle, et se met à battre doucement.*)

Mme DE VERTEUIL.

Vois-tu, Pauline, comment, à force de battre la crême, le beurre se forme peu à peu ?

PAULINE.

Oui, maman, cela est singulier.

LA FERMIÈRE.

Vous avez assez bien vu, je crois, ma petite demoiselle; je vais à présent remettre le couvercle; car autrement je ne puis battre assez ferme. Et puis, vous le voyez, je ferais sauter la crême hors de la baratte.

Mme DE VERTEUIL.

Vous avez raison, ma bonne amie; je vous remercie de nous avoir laissé voir avec tant de complaisance.

PAULINE.

Et moi aussi, je vous remercie de tout mon cœur; je saurai à présent ce que c'est que le beurre lorsque j'en mangerai.

Mme DE VERTEUIL.

C'est fort bien, Pauline. Sais-tu maintenant comme on appelle ce qui reste de la crême au fond de la baratte?

PAULINE.

Non, maman.

Mme DE VERTEUIL.

On appelle cela du lait de beurre.

PAULINE.

Quoi! maman, c'est là ce lait de beurre que je prends quelquefois le soir avec de l'orge mondée ou du pain?

Mme DE VERTEUIL.

Oui, ma fille.

PAULINE.

Oh! je l'aime bien, maman.

Mme DE VERTEUIL.

Tant mieux, Pauline, c'est une fort bonne nourriture pour les enfans. Mais veux-tu que je te dise ce que la bonne femme va faire encore à son beurre pour le rendre meilleur?

PAULINE.

Oui, maman; je serai fort aise de l'apprendre.

Mme DE VERTEUIL.

Tu pourras le voir toi-même tout à l'heure; cependant je vais te le dire d'avance, afin que tu y fasses plus d'attention. Lorsque cette bonne fermière aura tiré de sa crême tout le beurre qu'elle peut en avoir, elle le lavera bien avec de l'eau fraîche, puis elle le pétrira pour en faire sortir le peu de lait qui s'y trouve encore; puis, après y avoir mis un peu de sel, elle le pétrira de nouveau, afin qu'il se trouve également salé partout.

PAULINE.

Et pourquoi mettre du sel dans le beurre, maman?

Mme DE VERTEUIL.

C'est que, lorsqu'on n'y a pas mis de sel, il ne tarde guère à se gâter et à prendre un goût rance et désagréable; mais plus on y met de sel, et plus long-temps il se conserve. Regarde, Pauline, la bonne fermière est maintenant occupée à laver son beurre.

LA FERMIÈRE.

Voyez-vous, mon enfant, comme il en sort encore du lait. Il y a aussi de petits poils de la vache que j'ai grand soin d'ôter, pour que mon beurre soit bien propre.

Mme DE VERTEUIL.

Eh bien! Pauline, ce beurre ne commence-t-il pas à te paraître friand?

PAULINE.

Oui, maman.

Mme DE VERTEUIL.

Veux-tu que je prie cette brave fermière de nous en apporter demain pour déjeûner?

PAULINE.

Oui, maman, j'aurai plus de plaisir à le manger après l'avoir vu faire.

Mme DE VERTEUIL.

Voudriez-vous bien, ma bonne amie, nous porter demain une livre de votre beurre?

LA FERMIÈRE.

Très-volontiers, madame.

Mme DE VERTEUIL.

Vous me connaissez, je crois, et vous savez où je demeure?

LA FERMIÈRE.

Oh! si je connais madame de Verteuil! vraiment oui. Je vous porterai demain une livre de mon beurre; et, lorsque vous voudrez encore venir en voir faire d'autre, vous en êtes la maîtresse.

Mme DE VERTEUIL.

Je vous rends grâces de votre complaisance.

PAULINE.

Je vous suis aussi bien obligée, ma bonne amie, de m'avoir laissé voir faire votre beurre, et, lorsque j'en mangerai demain à mon déjeûner, je me souviendrai encore de votre bonté.

TOUT UN PAYS RÉFORMÉ PAR QUATRE ENFANS.

Sur le penchant d'une colline qui s'élève à quelque distance de Paris, on aperçoit de loin un village dont la situation est si riante, que les voyageurs les plus pressés descendent ordinairement de leur voiture pour aller y jouir de la perspective d'une contrée délicieuse. Vous allez croire que les enfans de ce village doivent s'y trouver fort heureux. Sans doute ils le sont aujourd'hui. Mais autrefois combien ils étaient à plaindre! D'où venait donc leur malheur, me direz-vous? Étaient-ils souvent malades? Au contraire, l'air qu'ils respiraient depuis le berceau était le plus favorable pour la santé. Leurs parens étaient-ils pauvres? Vraiment ils n'étaient pas riches; mais ne peut-on pas vivre tranquille et satisfait sans de grandes richesses?

D'où venait donc leur malheur, demandez-vous encore? Eh bien, s'il faut vous le dire, c'est de la mauvaise éducation que quelques-uns d'entre eux avaient reçue, et des mauvais exemples qu'ils donnaient aux autres. Ils avaient surtout le défaut d'être hargneux et turbulens. Dès qu'il s'en trouvait seulement deux ensemble, il y avait bientôt une querelle établie.

Ah! te voilà Colin ? Oh! quelle sotte mine te donne ton habit neuf! C'est apparemment qu'il fait honte à tes guenilles. Bon! c'est bien d'un habit neuf que je me soucie, vraiment. Mais tu fais le fier, je crois, avec ta veste rouge et tes bas bleus. Je ne sais qui me tient que je ne te jette dans cette mare, pour te mettre tout entier de la même couleur.

Voilà une légère idée des complimens qu'ils avaient coutume de se faire en s'abordant. Des paroles ils en venaient bientôt à des suites plus tristes. Ils se donnaient des gourmades, s'arrachaient les cheveux et se traînaient dans la boue, jusqu'à ce que leurs parens vinssent les séparer à grands coups de bâton.

Aussitôt qu'il paraissait un étranger dans le village, ils disputaient aux chiens le privilége de courir après lui et de le tracasser.

A l'école, ils se disaient des injures, ou se donnaient des coups de pieds entre les bancs. Il fallait bien que leur maître à la fin s'en aperçût, et vînt leur donner sur les oreilles. Il y en avait tous les jours cinq à six de sévèrement punis. Aussi n'allaient-ils qu'à regret à l'école ; et lorsqu'ils y étaient envoyés de force par leurs pères, ils prenaient le chemin le plus long, arrivaient tard, faisaient mal leurs devoirs, et recevaient une punition nouvelle.

Ils n'étaient pas plus heureux hors du temps de l'étude ; car ils ne pouvaient aller tour à tour les uns chez les autres pour s'amuser ensemble, attendu qu'ils ne savaient s'accorder qu'à faire du mal, et que leurs parens étaient excédés de leurs criailleries.

Ils passaient ainsi toutes leurs journées à se quereller et à se batre dans les rues, à être réprimandés ou punis à l'école, et à recevoir de sévères reproches de leurs pères lorsqu'ils rentraient au logis.

Voilà exactement le tableau de la vie qu'ils menaient autrefois. Il vous tarde sans doute d'apprendre comment s'opéra le changement que je vous ai annoncé. En voici l'histoire fidèle :

Au bout du village, il y avait une belle maison qu'un homme riche de la ville, nommé M. de Guercy, venait d'acheter à dessein d'y établir son séjour. On l'attendait de moment en moment avec sa famille.

Les deux voitures qui l'amenaient, lui, sa femme, ses enfans et ses domestiques, parurent enfin sur la grand'route. Au bruit qui s'en répandit, tous les enfans du village s'assemblèrent pour les voir passer. Mais au lieu de les saluer poliment, et de les recevoir avec des marques de joie et d'amitié, ils ne firent que pousser des éclats de rire moqueurs, et les suivre avec des huées.

Les enfans de M. de Guercy avaient remarqué cette vilaine conduite, et s'en étaient parlés tout bas les uns aux autres. Ils ne concevaient pas comment des enfans pouvaient être si grossiers. Ils apprirent bientôt à les mieux connaître.

Ils allèrent, dès le lendemain, faire une petite course dans les environs pour reconnaître le pays. Il fallait traverser le village. Le premier qui les aperçut courut en avertir ses camarades, qui sortirent aussitôt par essaims de leurs cabanes. Les plus sauvages ne s'avançaient que jusqu'au seuil ; et, lorsqu'ils les voyaient prêts à passer, ils rentraient précipitamment en leur fermant la porte au nez ; les autres les regardaient insolemment sans leur rendre leur salut, ou n'y répondaient que par des grimaces ou des révérences moqueuses.

Je sens, mes chers amis, combien ces détails doivent vous paraître pénibles. Mais qui de vous pourra deviner comment les enfans de M. de Guercy se conduisirent envers ces polissons ? Leur rendirent-ils leurs insultes, ou s'en vengèrent-ils par des coups ?

Non, non. Ils firent bien mieux. Et comment donc ? Le voici :

Ils poursuivirent tranquillement leur chemin, non-seulement sans témoigner le moindre ressentiment, mais encore sans paraître remarquer rien de ce qui se passait autour d'eux. Mais à peine furent-ils entrés dans un petit bosquet à l'extrémité du village, qu'ils eurent ensemble l'entretien que je vais vous rapporter, après vous avoir fait connaître leurs noms : Louis, Auguste, Charles et Frédéric, c'est ainsi qu'ils s'appelaient par ordre d'âge et de taille, en commençant par l'aîné. Je me fais un devoir de vous les désigner bien clairement, afin que vous puissiez juger vous-même à qui appartient l'avis le plus raisonnable dans la délibération qu'ils vont prendre sous vos yeux.

J'ai bien connu des méchans petits garçons dans ma vie, dit Frédéric, mais j'avoue que je n'ai pas encore vu d'aussi mauvais sujets que ces petits paysans. J'étais tenté d'en choisir un de ma taille, pour lui apprendre à vivre. Savez-vous ce qu'il faut faire? Nous n'avons qu'à couper ici chacun notre bâton, et, en repassant dans le village, nous en distribuerons des volées à tous ceux qui s'aviseront de nous insulter. Voilà, je crois, le meilleur parti que nous ayons à prendre.

Je pense comme Frédéric, s'écria Charles. Il faut savoir nous faire respecter dans le pays. Louis, ne ne penses-tu pas comme nous?

LOUIS.

Non, je vous assure, et je me garderai bien de tremper dans un pareil complot.

AUGUSTE.

Louis a raison : ce serait de belles affaires que nous ferions à notre famille, pour sa bien-venue dans le village.

LOUIS.

Et s'il nous arrivait un malheur, et que l'un de nous fût rapporté couvert de blessures à nos parens, pensez-vous quel serait leur chagrin, et ne seriez-vous pas inconsolables de les avoir si cruellement affligés?

FRÉDÉRIC.

Effectivement, je ne songeais pas à cela.

CHARLES.

Eh bien! Louis, toi qui es l'aîné, tu dois penser plus sagement que les autres; dis-nous ce que nous avons à faire.

LOUIS.

Ce que nous avons à faire, mes chers amis, c'est de ne rien faire du tout. En reprochant à ces petits garçons leur grossièreté, ne serait-il pas ridicule de nous montrer plus grossiers qu'eux-mêmes?

FRÉDÉRIC.

Il est vrai.

LOUIS.

Ce n'est pas tout encore. Si, au lieu d'aller leur faire une querelle, nous pouvions les guérir de la manie d'être si querelleurs, ne serait-ce pas tout ensemble un grand plaisir et une grande gloire pour nous?

CHARLES.

Oui, mais comment en venir à bout?

LOUIS.

Vraiment, c'est ici la difficulté. Cependant on pourrait... Oui, il me vient une idée. Écoutez.

AUGUSTE, CHARLES et FRÉDÉRIC.

Oh! voyons, voyons, voyons.

LOUIS.

Vous souvenez-vous du jour où l'on nous amena notre grand chien Castor, pour le mettre à l'attache dans la cour? Vous souvenez-vous combien il était sauvage et grondeur? Te rappelles-tu, Frédéric, qu'il débuta par te déchirer à belles dents le pan de ton habit ?

FRÉDÉRIC.

Oh oui ! je m'en souviens. Il m'aurait mis en pièces, si je ne m'étais sauvé.

LOUIS.

Notre papa nous donna à ce sujet un fort bon conseil. Mes enfans, nous dit-il, gardez-vous bien d'aller agacer Castor. Au lieu de lui lancer des pierres, jetez-lui, de temps en temps, un morceau de pain, et vous verrez, au bout de quelques jours, que son caractère se sera peu à peu adouci, et qu'il prendra même de l'attachement pour vous. Je vous garantis que de cette manière vous pourrez bientôt jouer avec lui sans péril.

AUGUSTE.

En effet, cela ne tarda pas long-temps à arriver. Loin de chercher à nous mordre, il fut le premier à nous faire des caresses.

FRÉDÉRIC.

Je lui monte aujourd'hui sur le dos, et je lui mets le poing dans la gueule sans qu'il me fasse de mal.

LOUIS.

Vous voyez donc, mes amis, ce que l'on peut gagner par la douceur.

CHARLES.

Oui ; mais où veux-tu en venir avec ton chien ?

LOUIS.

À une chose toute simple. C'est que des créatures douées de raison ne doivent pas être, sans doute, plus intraitables que des chiens. Ainsi donc, si nous sommes parvenus, par de bons traitemens, à adoucir le caractère sauvage de Castor, nous avons la plus belle espérance de réformer aussi de la même manière l'humeur querelleuse de ces petits paysans. Oui, mes frères, j'ose vous promettre qu'avec de la patience et de la modération, nous viendrons à bout de les changer, et de nous concilier peut-être leur plus tendre attachement.

Ces paroles, prononcées avec beaucoup de grâce, firent une impression si vive sur la petite troupe, qu'il fut résolu tout d'une voix de suivre le plan proposé par Louis. Ses trois frères venaient à peine de lui donner leur consentement, qu'un bruit soudain se fit entendre dans les broussailles. Ils tournèrent les yeux de ce côté. Quelle fut leur surprise en croyant apercevoir leur papa! C'était lui-même, en effet, qui les avait suivis de loin dans leur promenade. Ayant remarqué la veille aussi bien qu'eux-mêmes la grossièreté des petits garçons du village, il avait craint qu'ils ne se portassent à quelque insulte envers ses enfans, et il avait voulu observer la manière dont ceux-ci sauraient se conduire.

Son premier mouvement fut de prendre Louis dans ses bras, et de le serrer tendrement contre son sein. Tu viens de me donner une grande joie, mon cher fils, lui dit-il, en détournant ces petits fanfarons de la belle expédition qu'ils méditaient. Je te sais bon gré, mon cher Auguste, d'avoir si bien secondé ton frère. Pour vous, messieurs, je devrais vous punir d'avoir voulu user de violence; mais je vous pardonne, parce que vous n'avez pas encore assez d'expérience et de réflexion pour pressentir les suites fâcheuses auxquelles vous étiez prêts à vous exposer, et surtout parce que vous vous êtes rendus sans résistance aux sages conseils de vos aînés.

A ces mots, les enfans de M. de Guercy se jetèrent tous dans ses bras; et, après l'avoir accablé de caresses, ils lui promirent de rester fidèles à la résolution qu'ils venaient de prendre.

Ce n'est pas votre bonne volonté que je suspecte, leur répondit M. de Guercy; mais je crains...

LES ENFANS.

Eh quoi donc, mon papa?

M. DE GUERCY.

Combien croyez-vous qu'il vous faudra de temps pour faire réussir complétement votre projet?

FRÉDÉRIC.

Je ne demande pas plus de quinze jours.

CHARLES.

Oui, un mois, tout au plus.

AUGUSTE.

Ah! mes frères, comme vous allez vite en besogne.

M. DE GUERCY.

Et toi, qu'en penses-tu, Louis?

LOUIS.

Je ne saurais vous dire le temps bien juste, mon papa; mais je crois que nous serons fort heureux si cette opération ne nous coûte qu'une seule année,

M. DE GUERCY.

Je suis exactement de ton avis, et voilà ce qui cause mon inquiétude. Je crains, mes chers amis, que votre constance ne puisse se soutenir aussi long-temps. Il n'a fallu qu'un instant à Charles et à Frédéric pour être frappés des sages conseils de leurs frères. Mais considérez, mes enfans, que, depuis le moment où votre raison s'est développée, je me suis attaché sans cesse à vous inspirer de bons sentimens et de bons principes. Je viens même de quitter le séjour de la ville pour me consacrer tout entier à votre instruction. Il n'en est pas ainsi des petits garçons du village. Abandonnés à eux-mêmes en quittant le sein de leur mère, où prendraient-ils des idées d'honneur et de générosité? Leurs parens, occupés dès le point du jour d'un travail opiniâtre, n'ont pas le loisir de les instruire.

Il n'y a que le maître d'école et le curé qui puissent leur donner, en général et de temps en temps, quelques leçons de conduite, tandis qu'il faudrait suivre chacun d'eux en particulier à chaque instant de la journée. Vous ne devez donc pas être surpris que ces enfans, entraînés l'un par l'autre, prennent de mauvaises habitudes et s'y fortifient. Vous savez, d'après votre propre expérience, que ce n'est pas une petite affaire que de les déraciner. Ainsi, pour venir à bout de votre entreprise, il vous faudra vaincre bien des difficultés. Je ne dis pas cela dans la vue de vous détourner d'un si noble dessein ; c'est au contraire pour vous encourager à le faire réussir. Vous aurez bien plus que de la gloire à gagner à son succès. Ce n'est pas par vos discours, c'est par vos exemples que vous parviendrez à l'obtenir. Vous ne pouvez corriger vous élèves sans vous perfectionner vous-mêmes, et par conséquent sans me donner la plus grande joie que puisse goûter un cœur paternel.

Pendant ce discours, M. de Guercy avait eu le plaisir de lire dans les yeux et sur le front de ses enfans tous les sentimens propres à flatter ses espérances. Après avoir enflammé leur zèle par des motifs d'honneur, il leur fit sentir la honte qu'il y aurait pour eux à le laisser lâchement éteindre. Le sort de ce village, leur dit-il, est entre vos mains. Songez que si, après avoir d'abord aidé ces enfans à sortir de leurs vices, vous les y laissiez ensuite retomber, vous ne ferez que les rendre plus coupables, puisque vous leur avez fait perdre l'excuse qu'ils avaient au moins dans leur ignorance. Quels reproches affreux n'auriez-vous pas alors à vous faire à vous-mêmes?

Non, non, mon papa, s'écrièrent à la fois tous les enfans : ne craignez point de nous voir perdre courage. Nous vous aimons trop pour vous donner jamais ce chagrin.

La nuit, prête à s'avancer du bout de l'horizon, vint les interrompre dans les douces effusions de tendresse qui suivirent ce transport. Ils sortirent du bocage en se tenant tous par la main. L'entretien continua de rouler sur le même sujet à leur retour, et pendant le reste de la soirée. Après quelques instructions générales, M. de Guercy dit à ses enfans qu'il leur abandonnait le maniement de toute cette affaire, et qu'il ne ferait que les aider de ses conseils, s'ils croyaient en avoir besoin pour la conduite de leur plan.

Ils ne tardèrent pas à le mettre à exécution. Leur première idée fut de se montrer souvent dans le village, pour familiariser les petits paysans avec leur présence. Il y eut bien d'abord quelques sourdes huées, dont il n'aurait tenu qu'à eux de faire des sujets d'escarmouche; mais ils ne firent pas semblant de les entendre. Plus les petits garçons se montraient grossiers et sauvages, plus les quatre frères se piquaient de politesse envers eux. Qu'est-ce donc que cela, disaient ceux-ci? est-ce que les enfans de la ville n'ont point de courage? Ah! ils en montraient bien plus, sans doute, dans une pareille modération qu'il n'en aurait fallu pour se battre, puisqu'ils savaient triompher de la violente démangeaison qu'ils sentaient quelquefois, surtout Charles et Frédéric, de se retourner brusquement pour faire le coup de poing.

Cette conduite ne pouvait manquer de leur réussir. Au bout de quelques jours les petits paysans, lassés de les houspiller en vain, les laissèrent passer à leur côté, sans y faire la moindre attention. Ils ne furent plus remarqués que des gens raisonnables, qui, s'étonnant de les voir si doux et si réservés, les saluaient à leur passage avec un air de bienveillance. Les enfans de M. de Guercy profitèrent de cette disposition pour lier connaissance avec quelques-uns d'entre eux. Ils leur firent adroitement des questions, afin de connaître les pauvres veuves et les vieillards infirmes qui avaient besoin de secours. Comme leur père avait pour principe qu'ils eussent toujours de l'argent à leur disposition, ils résolurent de consacrer leurs petites économies à subvenir aux nécessités des plus malheureux. Leur plus douce récréation était d'aller eux-mêmes les voir, et de leur porter des soulagemens. L'espérance et la consolation entraient à leur suite dans ces misérables chaumières, qui ne retentissaient, avant leur arrivée, que des soupirs de la douleur, et souvent des cris du désespoir.

Le récit de leur bienfaisance avait déjà couru, de cabane en cabane, dans toute l'étendue du village. Les petits paysans étaient étonnés d'entendre leurs parens ne parler qu'avec des expressions de respect de ces mêmes enfans qu'ils se donnaient des airs de mépriser. Ils n'en auraient peut-être pas voulu croire la renommée sur sa parole. Il fallut bientôt, en dépit d'eux-mêmes, que leur propre expérience servît à les faire revenir de leur injuste opinion.

Un petit garçon avait perdu une pièce de douze sous, que sa mère lui avait donnée pour aller acheter du pain. Il se désolait, dans la crainte d'être battu s'il ne la retrouvait pas. Un des enfans de M. de Guercy vint à passer près de lui, s'informa du sujet de sa peine, l'aida dans ses recherches, et, les voyant inutiles, il lui donna de sa poche la petite somme qu'il avait perdue.

Un autre, en jouant imprudemment près d'un fossé, s'était laissé tomber dans l'eau jusqu'au menton, et ne pouvait regagner le bord. Un des enfans de M. de Guercy entendit ses cris de la prairie voisine, accourut à son secours; et, au risque de se noyer lui-même, il parvint à le retirer de la fange verdâtre où il barbottait.

Or, devinez, parmi les quatre frères, ceux qui avaient fait ces deux bonnes actions? C'est Frédéric qui avait fait la première, et Charles la seconde. Leurs noms demandent à être cités avec d'autant plus d'exactitude, qu'après vous les avoir montrés prêts à se battre avec les petits paysans, vous auriez été tentés peut-être de les soupçonner de méchanceté, ce qui assurément n'était pas dans leur caractère : ils étaient courageux sans être moins sensibles.

D'un autre côté, Louis et Auguste, dont la prudence aurait pu paraître à vos yeux un défaut de bravoure, eurent bientôt occasion de signaler cette vertu. Un loup s'était jeté au milieu d'un troupeau; et, après avoir massacré plusieurs brebis, il en avait pris une à la gorge; et, la rejettant sur son dos, il l'emportait en la fouettant de sa queue. Le petit berger, qui était pourtant l'un des plus hargnieux du village, avait pris lâchement la fuite à la première approche du loup. Louis et Auguste rencontrèrent dans un chemin étroit l'animal ravisseur. Celui-ci, content de sa proie, enfilait fièrement sa route, sans s'embarrasser des deux frères, dont la taille ne lui inspirait pas beaucoup de frayeur. Cette rencontre eut cependant pour lui des suites plus fâcheuses qu'il ne semblait l'imaginer. Louis avait un bâton noueux dont il déchargea un coup si fort sur la jambe gauche du loup, tandis qu'Auguste lui donnait du sien sur la tête, que l'animal féroce, devenu tout-à-coup plus timide que la brebis déchirée entre ses dents, la laissa tomber de sa gueule sanglante, et s'enfuit en hurlant comme un désespéré, sans avoir remporté d'autre avantage sur les deux jeunes champions, que le prix de la course qui lui resta malgré leur poursuite, quoiqu'il ne fût en état d'aller que sur trois jambes seulement.

Je vous laisse à penser combien cet événement, dont le petit berger alla tout de suite raconter l'histoire dans le village, bouleversa les idées de ses compagnons. Ils avaient repoussé les enfans de M. de Guercy par dédain, ils n'osaient plus en approcher par respect. Une circonstance heureuse parvint enfin à les réunir.

Les quatre bons frères jouaient ensemble dans la grande cour de leur maison. La balle s'écartant de son but, passa par-dessus la muraille, et alla tomber sur le grand chemin, au milieu d'une foule de petits paysans qui revenaient de l'école. Quelques jours plus tôt, cette balle aurait été sûrement une pomme de discorde : les petits garçons n'auraient pas voulu la rendre, et Charles et Frédéric n'auraient pas été d'humeur à la laisser sans combat entre leurs mains. Il en arriva tout autrement ce jour-là. Celui qui l'avait ramassée s'empressa de la rapporter à Louis, qui venait la chercher, il la lui présenta même avec tant de grâce, que Louis l'invita, ainsi que ces camarades, à venir être témoins de la partie. Ce fut pour eux la première occasion d'apprendre combien le plaisir gagne à être goûté sans trouble et sans altercation. Malgré leur extrême vivacité, les enfans de M. Guercy ne s'emportaient point les uns contre les autres. Ils ne se faisaient point de mauvaises chicanes dans les cas douteux; chacun était le premier à se condamner lui-même quand il avait tort; le vainqueur avait aussi peu d'orgueil, que le vaincu de jalousie; et la partie s'acheva, sans qu'on eût pu deviner l'instant d'après, à aucun mouvement d'insolence ou de dépit, qui l'avait gagnée ou perdue.

Le temps permettait d'en jouer encore une autre avant l'heure du dîner. On engagea les petits paysans à prendre part à celle-ci. Louis et Frédéric d'un côté, et Auguste et Charles de l'autre, se partagèrent la petite troupe avec autant d'égalité qu'il fut possible. Et, qui le croirait ? cette seconde partie ne produisit pas plus de dispute que la première, tant les enfans de M. de Guercy avaient déjà pris d'ascendant par la force de leur exemple.

Ils eurent le plaisir de remarquer, le soir même, le bon effet de cette première leçon. En traversant le village, ils entendirent prononcer leurs noms avec des applaudissemens : ils approchèrent émus de joie,

Il venait de s'élever une discussion entre les joueurs ; et l'un d'eux s'étant écrié qu'ils fallait jouer sans querelle, comme ils l'avaient fait le matin avec les enfans de M. de Guercy, ils avaient tous battu des mains à cette proposition.

Depuis ce moment, les enfans de M. de Guercey commencèrent à goûter les jouissances les plus flatteuses. En fréquentant de plus en plus leurs jeunes instituteurs, les petits paysans s'attachèrent à les prendre pour modèle ; et ceux-ci, de leur côté, auraient rougi de leur donner l'exemple de quelque défaut. De là naissait entre eux une vive émulation à qui se distinguerait par la conduite la plus sensée.

Admis librement dans la maison de M. de Guercy, les petits garçons du village voyaient ses enfans se livrer gaîment à l'étude, et remplir leurs devoirs avec autant d'ardeur qu'ils en mettaient à se divertir ; ils en devinrent à leur tour plus studieux et plus appliqués, surtout ceux dont les quatre frères payaient les mois d'école, et qui cherchaient à témoigner une douce reconnaissance à leurs bienfaiteurs, par l'hommage des fruits mêmes de leurs bienfaits.

En voyant les enfans de M. de Guercy vivre entre eux dans la plus intime union, et ne disputer ensemble que de complaisance et de soins délicats, les petits garçons du village résolurent de quitter leur ancienne habitude de se chamailler sur les plus frivoles sujets. Bientôt on n'entendit plus parler de querelles, encore moins de batteries ; et, s'il s'élevait de loin en loin quelques petits démêlés, ils étaient bientôt terminés par l'esprit de justice des quatre jeunes frères, que l'on ne manquait jamais de prendre pour arbitres du différend.

Les enfans de M. de Guercy continuèrent toujours d'employer l'argent de leurs plaisirs à soulager les besoins des pauvres. Les petits garçons du village auraient bien voulu pouvoir les imiter sur ce point : mais, comme leur bourse était fort mal garnie, ils cherchèrent du moins à y suppléer d'une autre manière. Ils partageaient leur pain avec les enfans qui n'en avaient pas ; ils aidaient les vieillards à marcher dans les chemins difficiles, ils se chargeaient de leurs commissions, et leur rendaient avec empressement tous les bons offices qui étaient à leur portée.

Les voyageurs, qui avaient traversé quelques mois auparavant ce village ne le reconnaissaient plus. Au lieu des insultes qu'ils avaient essuyées à chaque pas, ils ne recevaient plus que des secours obligeans. C'était à qui prendrait soin de leurs chevaux, à qui les conduirait à l'auberge, à qui leur indiquerait le chemin ou les personnes qu'ils demandaient, en un mot, à qui leur marquerait le plus d'égards et de bienveillance.

Les pères de ces enfans, dont l'humeur autrefois était continuellement aigrie par les chagrins que ceux-ci leur faisaient continuellement essuyer, connurent enfin le plaisir si doux de s'abandonner aux mouvemens de la tendresse paternelle. Sensibles à ces caresses, les enfans en devinrent encore meilleurs pour plaire aux auteurs de leurs jours. Plus de divisions entre les voisins pour les misérables querelles de leurs enfans. La paix qui régnait dans chaque ménage avait amené un traité d'alliance entre toutes les chaumières.

Ce n'est pas tout. Comme il se tenait souvent des marchés dans le village, les habitans des hameaux des environs avaient fréquemment occasion d'y venir faire leurs emplettes. Ils furent bientôt frappés du changement qui s'y était opéré, et plus surpris encore d'en apprendre la cause. Oh! comme ils auraient voulu avoir aussi M. de Guercy et ses enfans au milieu de leurs habitations! Ces vœux furent bientôt exaucés en quelque manière.

Le printemps, qui venait de rendre à la nature sa couronne de fleurs, voyait fleurir, pour la première fois, dans ce canton, des vertus qui lui avaient été jusqu'alors bien étrangères. L'innocence et la joie paraient de nouveaux charmes ces riantes campagnes. Les enfans, répandus par bandes sur la prairie, y jouaient en paix comme des troupes de frères. Quelques-uns étaient couchés sur le gazon, et le rouge enflammé de leurs joues formait un contraste charmant avec sa douce verdure. L'éclat de leurs yeux n'était plus terni par les larmes; la candeur de leurs fronts n'était plus voilée par de sombres projets de méchanceté; le sourire régnait sur leurs lèvres, et la propreté sur leurs vêtemens. Les oiseaux, dont ils avaient cessé de troubler les amours, voltigeaient avec confiance sur leurs têtes, venaient sans effroi ramasser autour d'eux les miettes échappées de leur bouche, et semblaient à l'envi chercher à les payer de la liberté qu'ils laissaient à leurs petits, par des chants pleins d'allégresse et de reconnaissance.

Les paysans, qui n'avaient jamais joui d'un si doux spectacle, ne pouvaient contenir l'excès de leur surprise et de leur satisfaction. Mais, parmi tous ces pères, quel était celui dont les transports pussent égaler le ravissement de M. de Guercy? Je vois donc enfin régner autour de moi le bonheur, se disait-il, et ce bonheur général est l'ouvrage de mes enfans. Ah! leur vie entière sera heureuse, puisqu'ils connaissent de si bonne heure le charme de la bienfaisance, la plus douce des vertus. O mes bons fils! combien je dois vous chérir? Les vieillards vous bénissent, les femmes vous caressent, les petits sautent de joie autour de vous, tout le monde ici me dispute le plaisir de vous aimer.

Le terme d'une année, que Louis avait demandé pour donner un plein succès à l'entreprise qu'il venait d'exécuter avec ses frères, voit arriver le dimanche suivant. M. de Guercy, qui en avait pris exactement la date sur ses tablettes, voulut solenniser ce jour par une fête brillante qui en éternisât la mémoire dans le village. Pour mieux jouir de la surprise de ses enfans, il les mena, la veille, dès le matin, faire une longue promenade, tandis que tous ses domestiques restaient à la cuisine occupés de mille préparatifs. Jamais le four de la maison n'avoit été si bien chauffé que ce jour-là.

Le lendemain, lorsque le service divin fut fini,

M. de Guercy sortit le premier de l'église ; et, ayant rassemblé les paysans devant la porte, il les engagea tous, père et enfans, à le suivre vers sa maison. L'intérieur de la cour était garni de tables proprement dressées, autour desquelles il les invita à s'asseoir. Étant ensuite monté sur le perron avec ses quatre fils : « Mes amis, dit-il, je vous présente mes
» enfans. Ils viennent de travailler une année entière
» à faire le bonheur des vôtres. Je vois avec la plus
» vive satisfaction qu'ils n'ont pas trop mal réussi dans
» leur ouvrage. Profitons, vous et moi, de l'utile
» leçon qu'ils nous ont donnée. Mettons dans nos af-
» faire une aussi bonne intelligence que vos enfans
» et les miens en mettent dans leurs plaisirs. Je suis
» riche, et vous avez besoin de ma fortune ; vous
» êtes laborieux, et j'ai besoin de vos travaux. Je me
» propose d'acheter la terre d'où dépend ce village ;
» et mon premier acte de posssession sera de vous
» remettre tous mes droits. Il n'en faut plus consa-
» crer d'autre que celui de l'égalité naturelle entre
» tous les hommes. Je prévois qu'il ne tardera pas
» long-temps à s'établir dans toute la France. Peut-
» être ailleurs coulera-t-il du sang ; qu'il ne nous
» coûte à nous que des larmes d'attendrissement et de
» plaisir ! Rappelons-nous toujours que nous sommes
» frères. Vivons unis par les mêmes nœuds que ces en-
» fans. Je vous donne les miens à aimer autant que je
» veux aimer les vôtres. Que cette heureuse contrée ne
» soit plus habitée que d'une seule famille, où tous, sans
» distinction, travaillent de concert à sa prospérité. »

Il avait à peine achevé ce discours, que les paysans, s'élançant de leurs siéges, vinrent se précipiter à genoux devant lui sur les marches du perron. Les hommes baisaient ses habits, les femmes se jetaient dans ses bras ; on se passait de main en main ses enfans, en les accablant de caresses. M. de Guercy, trop vivement ému par cette scène touchante pour la pouvoir soutenir plus long-temps, donna ordre à ses domestiques de servir les rafraîchissemens qu'il avait fait préparer. Ce petit banquet fut suivi de chants et de danses, où l'on vit éclater la joie qui régnait dans tous les cœurs ; et chacun, en se retirant, remplit les airs du nom de M. de Guercy, de celui de ses enfans, et des vœux les plus tendres pour leur félicité.

M. de Guercy ne tarda pas long-temps à s'occuper des moyens de réaliser le projet qui remplissait son cœur généreux. De bons écrivains, se disait-il, ont appris aux hommes le grand intérêt qu'ils ont à se servir mutuellement et à s'aimer. Des gens corrompus ont traité ces idées de chimères. J'en avais cru moi-même l'exécution plus difficile. Que je rends grâces à mes enfans de m'avoir désabusé ! L'exemple que j'en ai reçu, je les dois aux autres. Sans resserrer mes sentimens de bienveillance pour tous les hommes, il faut en renfermer l'exercice dans l'étendue du terrain que je veux acquérir. Ah ! si l'image du bonheur que j'y vais répandre pouvait engager mes voisins à vouloir en goûter le fruit comme moi ! Qu'importe de perdre des vassaux, dès que l'on y gagne des frères et des amis! Il se prépare une révolution dans les idées. De vains titres ne distingueront plus les hommes. Cherchons d'avance une distinction plus douce dans la bienfaisance envers nos semblables, ou plutôt que ce sentiment se répande si également dans tous les cœurs, que l'exercice en devienne aussi naturel que celui de la liberté.

Animé de cette espérance, M. de Guercy, au prix de tous les sacrifices que lui permettait sa grande fortune, s'empressa d'acquérir cette terre dont il ne voulait plus sortir. Il n'attendit point que le terme nécessaire à la solidité de son acquisition fût expiré pour commencer l'ouvrage qu'il méditait. Il fit aussitôt construire une école publique, y appela des maîtres intelligens, leur fournit tous les livres d'instruction nécessaires, et en fit ouvrir gratuitement l'entrée aux enfans du village. Il établit aussi des ateliers de charité pour occuper les pauvres dans la mauvaise saison, et fonda un asile destiné à recevoir les infirmes et les vieillards. Il donnait à une pauvre famille un petit coin de terre avec des instrumens pour la cultiver; à une autre, une vache ou des chèvres qui la nourrissaient de leur lait; à celle-ci, un rouet, des aiguilles et des outils de différens métiers. Il en était payé largement par leur reconnaissance et par mille bénédictions. On peut, disait-il quelquefois, racheter cette terre; mais les doux fruits que mon cœur en a déjà recueillis, le rachat ne saurait me les enlever.

Heureusement sa possession ne fut point troublée. L'année s'acheva ; et le lendemain qui aurait pu amener pour lui la perte de toutes les dépenses qu'il avait faites, ne fit que lui montrer combien il en avait déjà profité. L'aisance régnait dans toute l'étendue de sa terre. Il n'y avait pas un seul bras qui restât dans l'inaction, pas un seul quartier de terre qui fût demeuré sans culture. L'année suivante fut encore plus heureuse. Comme tous les paysans s'étaient partagé le plaisir de travailler ses vignobles et ses sillons, et qu'ils n'y avaient pas épargé leurs sueurs, l'abondance des fruits qu'il recueillit, jointe à leur bonne qualité, le remboursera d'une partie des sommes qu'il avait prodiguées pour ses charités particulières et ses établissemens. Les habitans du village n'y gagnèrent pas moins que lui. Leur marché attirait de préférence les acheteurs. La certitude de le trouver toujours bien garni des meilleures denrées, la facilité de s'y procurer en même temps, à bon compte, de toute espèce d'ouvrages fabriqués dans les ateliers de charité, le plaisir de n'avoir à traiter qu'avec d'honnêtes gens ; tous ces avantages réunis faisaient qu'on croyait gagner à se détourner d'une lieue ou deux pour venir faire en cet endroit ses provisions. Chaque jour il s'y formait de nouveaux établissemens. Les seigneurs du voisinage, voyant leurs marchés et leurs terres se dépeupler, sentirent bientôt que, pour leur intérêt même, ils devaient suivre l'exemple de M. de Guercy. Ils s'empressèrent de venir lui demander le secours de ses lumières. Il les renvoya à ses enfans. C'est à eux, dit-il, que je dois les principes que j'ai pratiqués. Après m'avoir inspiré l'idée du bien que j'ai pu faire, ils le soutiennent chaque jour par leur zèle et leur intelligence. Il ne manquera plus rien à mon bonheur, si le vôtre devient encore leur ouvrage.

Les enfans consultés retracèrent naïvement la route qu'ils avaient suivie. On ne rougit point de se diriger par leurs instructions, et l'on n'eut point à s'en repentir. Les hameaux d'alentour devinrent d'abord heureux et florissans. Ce cercle étroit s'étendit ensuite de tous côtés. Il en revenait sans cesse des actions de grâces à M. de Guercy. Quelle joie pour ce bon père de voir la première influence de bonheur sortir du sein de sa jeune famille, pour se répandre par degré sur toute la contrée, comme le parfum exhalé, au levé de l'aurore, du calice d'albâtre d'un jeune lis, embaume insensiblement toute la vaste étendue d'un jardin !

Le premier jour où M. de Guercy s'était vu irrévocablement possesseur de sa terre, après avoir, suivant sa promesse, fait à ses vassaux le généreux abandon de tous ses droits, il avait couru renverser de sa propre main les trois poteaux, triste monument élevé, sous le nom de la justice, à la tyrannie féodale. Le lendemain les paysans allèrent planter à leur places quatre jeunes arbres, qu'ils appelèrent Louis, Auguste, Charles et Frédéric. Ces arbres cultivés avec soin grandirent à vu d'œil, et font aujourd'hui, comme leurs parrains, le plus bel ornement de la contrée. L'ombre même qu'ils répandent sert encore à l'utilité publique pour tous les âges. Les vieillards, assis à leur pied, y terminent les petits différends prêts à diviser les familles; les hommes d'un âge mûr viennent s'y délasser de leurs travaux; les jeunes gens y font leurs noces, et les enfans interrompent leurs jeux sous ces feuillages, pour entendre raconter à leurs parens l'histoire des quatre bons frères, et pour apprendre, par leur exemple, que les enfans même peuvent contribuer au bonheur de leur pays.

L'AIR.

Mme DE VERTEUIL, PAULINE, sa fille.

Mme DE VERTEUIL, *tenant un soufflet.*
PAULINE, mets ta main devant le tuyau de ce soufflet. (*Elle souffle.*) Ne sens-tu rien contre ta main?
PAULINE.
Pardonnez-moi, maman, je sens du vent.
Mme DE VERTEUIL.
Sais-tu ce que c'est que ce vent?
PAULINE.
Non, maman, je ne le sais pas.

Mme DE VERTEUIL.

C'est l'air qui était entré par ces trous dans le soufflet, et qui en sort lorsque je le presse.

PAULINE.

Et qu'est-ce que l'air, maman?

Mme DE VERTEUIL.

Ouvre ta bouche, Pauline, et retiens ton haleine. Ne sens-tu pas venir quelque chose de froid dans ta bouche?

PAULINE.

Oui, maman.

Mme DE VERTEUIL.

Eh bien, c'est de l'air qui entre dans ta bouche, lorsque tu retiens ton haleine, et qui en sort lorsque tu la pousses. Il y a de l'air partout, puisque partout tu peux respirer, ici, dans le jardin, dans la rue. Donne-moi cette poche carrée de papier qui est là sur la table.

PAULINE.

Qu'en voulez-vous faire, maman?

Mme DE VERTEUIL.

Regarde; je vais y souffler beaucoup d'air. (*Elle souffle dans la poche de papier jusqu'à ce qu'elle soit bien enflée, et elle la ferme par le haut.*) Touche maintenant la poche. Ne sens-tu pas qu'elle est pleine?

PAULINE.

Oui, cela est vrai. Mais qu'y a-t-il donc dedans?

Mme DE VERTEUIL.

Rien autre chose que l'air que j'y ai soufflé. Veux-tu que nous l'en fassions sortir?

PAULINE.

Oui, maman; voyons.

Mme DE VERTEUIL.

Donne-moi cette grosse épingle.

PAULINE.

Tenez, maman, la voici.

Mme DE VERTEUIL, *piquant la poche avec l'épingle.*

Maintenant, mets ta main devant ce trou; ne sens-tu pas l'air qui en sort?

PAULINE.

Oui, je le sens.

Mme DE VERTEUIL.

Voilà la poche qui se vide et qui s'aplatit. Il n'y a plus rien dedans. C'était donc de l'air qui la remplissait, puisqu'il n'y est rien resté, et qu'il n'en est sorti que de l'air.

PAULINE.

Oh! faites encore, maman, je vous prie.

Mme DE VERTEUIL.

Très-volontiers, ma fille. (*Elle souffle encore dans la poche.*) Mais il faut que tu tiennes le doigt sur le trou pour le boucher; car autrement l'air en sortirait à mesure que je l'y soufflerais.

PAULINE.

Oui, maman.

Mme DE VERTEUIL.

Retire maintenant ton doigt, et regarde. La poche s'aplatit encore, aussitôt que je cesse d'y souffler, parce que l'air sort par le petit trou. Sens-tu?

PAULINE.

Oui, maman, je sens bien l'air, mais je ne le vois pas.

Mme DE VERTEUIL.

Il est vrai, on ne peut pas voir l'air.

PAULINE.

Et pourquoi donc, maman?

Mme DE VERTEUIL.

Je ne saurais encore te l'expliquer ; tu ne le comprendrais pas.

PAULINE.

Mais, maman, s'il y a de l'air partout, il y en a entre nous et ces grands arbres que nous voyons là-bas par la fenêtre. Pourquoi l'air n'empêche-t-il pas de les voir, comme lorsque je ferme les rideaux?

Mme DE VERTEUIL.

Avant que je te réponde, regarde dans ma cuvette. Elle est pleine d'eau, et cependant à travers tu vois les fleurs qui sont peintes au fond, comme s'il n'y avait pas d'eau entre ces fleurs et toi.

PAULINE.

Il est vrai, maman ; il faut même y regarder de près pour voir s'il y a de l'eau en effet. Et, tenez, ce matin j'y ai été trompée. J'ai voulu prendre une assiette sur la table, et je me suis jeté de l'eau sur les bras, parce que je n'avais pas vu que l'assiette en était pleine.

Mme DE VERTEUIL.

Et lorsque les carreaux de verre de ta croisée sont bien propres, ne vois-tu pas les statues du jardin, comme s'il n'y avait pas de verre entre ces statues et toi?

PAULINE.

Oui, cela est vrai.

Mme DE VERTEUIL.

Un mot encore. Quand il y a une vitre cassée dans le haut d'une fenêtre et que l'on sent du froid, n'as-tu pas observé combien on a de peine quelquefois à trouver de l'œil en quel endroit la vitre est cassée?

PAULINE.

Oui, maman.

Mme DE VERTEUIL.

L'eau et le verre sont des matières si pures, que l'on peut voir à travers. Mais, comme l'air est plus pur encore et plus subtil, on voit à travers sans le voir lui-même. Je vais te montrer d'une autre manière que tu en es environnée de toutes parts. Reste maintenant debout; je vais tourner autour de toi, en agitant mon éventail : ne sens-tu pas du vent de tous les côtés?

PAULINE.

Oui, maman.

Mme DE VERTEUIL.

C'est l'air qui est entre nous deux que je mets en mouvement avec cet éventail et que je pousse contre toi. Il en arriverait de même si je le faisais dans la rue, dans le jardin, en quelque lieu que ce fût. Il y donc de l'air partout. Mais, dis-moi, as-tu vu quelquefois jouer les poissons dans le vivier de ta grand'maman ?

PAULINE.

Ah! oui ; ce sont de fort jolies petites bêtes. Ils viennent sur l'eau dès qu'on leur jette un morceau de pain, et ils l'avalent si adroitement!

Mme DE VERTEUIL.

Eh bien! Pauline, les poissons doivent toujours avoir de l'eau autour d'eux, comme nous devons toujours avoir de l'air autour de nous. Si tu les voyais lorsqu'on les tire de l'eau, ils s'agitent, ils se tordent, et ne tardent pas long-temps à mourir. Il nous en arriverait de même si l'on nous tirait hors de l'air. Nous nous agiterions, nous nous tordrions, et nous finirions bientôt comme eux. Heureusement nous ne devons pas craindre que l'air nous manque, car il enveloppe toute la terre.

PAULINE.

Mais, maman, y en a-t-il jusqu'aux étoiles?

Mme DE VERTEUIL.

C'est ce que nous verrons une autre fois. Avant de t'élever si haut, il faut avoir acquis d'autres connaissances.

PAULINE.

Oh! je vais bien m'appliquer à m'instruire pour y arriver.

LA CROISSANCE DES PLANTES.

M. DE VERTEUIL, PAULINE, sa fille.

PAULINE.

Mon papa, qu'est-ce que vous avez là dans ces assiettes? En voilà une qui est comme un petit jardin.

M. DE VERTEUIL.

Il ne m'a pas coûté beaucoup de peine à cultiver, comme tu le vois. Je n'ai eu besoin que de mettre dans l'eau une pincée de petites graines rougeâtres, pareilles à celles que tu vois là dans la première assiette.

PAULINE.

Et quelle est cette herbe, mon papa?

M. DE VERTEUIL.

C'est du cresson, que tu aimes tant. Je veux t'en faire manger bientôt une salade.

PAULINE.

Elle est déjà jolie à croquer.

M. DE VERTEUIL.

Regarde maintenant cette seconde assiette. J'y ai mis tremper des graines il y a quatre jours. Vois si elles sont en tout comme celles de la première assiette, qui ne trempent que depuis ce matin.

PAULINE.

Non, mon papa, il y a quelque chose de blanc à celles-ci que les autres n'ont pas.

M. DE VERTEUIL.

Tu as fort bien remarqué cette différence. Les graines, à force de tremper dans l'eau, ont crevé, et de ces crevasses il sort de petites pointes blanches.

PAULINE.

Et qu'est-ce que ces petites pointes blanches, mon papa?

M. DE VERTEUIL.

Ce sont les jeunes racines de la plante. Lorsque les graines ont été quelques jours dans l'eau, elles se pénétrent d'humidité et se renflent. Tu vois bien que celles-ci sont plus grosses que celles de la première assiette.

PAULINE.

Il est vrai, mon papa.

M. DE VERTEUIL.

Lorsqu'elles sont assez renflées, elles s'entr'ouvrent à la pointe, et alors ces petites pointes blanches sortent par l'ouverture. Sais-tu ce que font ces racines?

PAULINE.

Non, mon papa.

M. DE VERTEUIL.

Elles sucent l'eau qui est sur l'assiette. La graine

mieux nourrie s'enfle encore davantage; et alors il en sort d'un autre côté deux petites feuilles jaunes qui se divisent chacune ensuite en trois petites feuilles, et peu à peu elles deviennent toutes vertes. Regarde dans cette troisième assiette ; les graines y sont depuis huit à dix jours, et la plante a déjà des feuilles. Vois-tu aussi l'enveloppe rougeâtre de la graine ?

PAULINE.

Oui bien, mon papa.

M. DE VERTEUIL.

Les graines sont ici encore bien plus grossies; chacune a une tige où les feuilles sont attachées. Lorsqu'elles auront passé quelques jours de plus dans l'eau, du millieu de ces premières feuilles il en sortira encore d'autres. Les racines et les tiges deviendront encore plus longues et plus grosses, et l'enveloppe de la graine s'en détachera tout-à-fait, comme tu peux le voir déjà sur la quatrième assiette.

PAULINE.

Oh! oui, mon papa, voilà ma salade toute prête; il n'y a plus qu'à l'assaisonner.

M. DE VERTEUIL.

Je vais t'en couper quelques brins, pour que tu la goûtes d'avance; mais, vois-tu, je remets les racines dans l'eau, et il en sortira de nouvelles feuilles, pourvu qu'on ait soin de tenir toujours assez d'eau dans l'assiette.

PAULINE.

Vous y en mettez donc de temps en temps, mon papa ?

M. DE VERTEUIL.

Il le faut bien, ma fille. A mesure que la plante grandit, les racines en boivent davantage ; il est donc nécessaire de leur en fournir. Tiens, voici une autre assiette ; je n'y avais mis de l'eau que les premiers jours seulement. Le cresson, en grandissant, l'a eu bientôt épuisée ; et aussitôt qu'elle lui a manqué, il a commencé à se flétrir. Vois-tu comme les tiges sont devenues minces et se sont desséchées ; les feuilles sont toutes jaunes. Ce cresson ne vaut plus rien ; il faut le jeter.

PAULINE.

Oh ! c'est bien dommage !

M. DE VERTEUIL.

Veux-tu que je te dise maintenant comment l'on se procure la graine d'où vient le cresson ?

PAULINE.

Vous me ferez plaisir, mon papa.

M. DE VERTEUIL.

Lorsqu'au lieu de couper le cresson pour le manger, on le laisse grandir, il s'élève de la hauteur de ta jambe et encore plus, comme celui qui est là dans ces deux pots, et il vient au haut de la tige de petites fleurs blanches, comme tu en vois là dans le premier pot.

PAULINE.

Oh ! oui, je le vois.

M. DE VERTEUIL.

Lorsque les fleurs se flétrissent et viennent à tomber, les graines viennent à la place. Tu peux le voir dans le second pot; regarde.

PAULINE.

Je ne vois pas de graines, mon papa.

M. DE VERTEUIL.

Vois-tu ces petites cosses qui sont là le long de la tige?

PAULINE.

Oui, oui, c'est comme de petits haricots.

M. DE VERTEUIL.

Je vais en cueillir une et l'ouvrir : vois ce qu'il y a dedans.

PAULINE.

Oh! c'est singulier! Mais, mon papa, ces graines sont vertes, et celles qui sont là dans l'assiette sont rougeâtres.

M. DE VERTEUIL.

Cela vient de ce que celles-ci ne sont pas encore mûres. Si je les avais laissées plus le long-temps sur le pied, elles seraient devenues rougeâtres comme les autres. Je vais chercher, peut-être en trouverai-je de plus avancées pour la maturité. En effet, vois-tu? en voici qui commençaient à devenir rougeâtres; elles seraient presque déjà bonnes à mettre dans l'eau ou dans la terre pour faire venir du cresson. Nous en aurons qui seront parfaitement mûres dans quelques jours.

PAULINE.

Oh! qu'il me tarde d'en avoir, mon papa!

M. DE VERTEUIL.

Et pourquoi donc, Pauline?

PAULINE.

C'est que je veux essayer d'en faire venir moi-même.

M. DE VERTEUIL.

Tu me fais grand plaisir d'avoir eu cette idée. Je serai toujours charmé de te voir faire ces petites expériences; c'est le meilleur moyen de t'instruire. Aussitôt que cette graine sera mûre, je la cueillerai, et je te la garderai avec soin pour en mettre dans l'eau ou dans la terre, lorsqu'il en sera temps. Mais alors il faudra que tu aies l'attention de voir tous les jours s'il y a assez d'eau dans l'assiette, ou si la terre est assez humide dans le pot; car, ma fille, quoique le cresson soit dans la terre, il a besoin d'avoir toujours de l'eau; autrement il se dessécherait comme celui qui est là sans eau dans l'assiette que je viens de te faire voir. L'eau n'est pas moins nécessaire aux fleurs, aux plantes et aux arbres. Ils en ont tous besoin.

PAULINE.

Et les grands arbres de notre jardin sont-ils venus de la même manière que le cresson?

M. DE VERTEUIL.

Oui, Pauline, de la même manière; mais tu conçois qu'il leur a fallu plus de temps et aussi plus de terre et d'eau. Tu as bien vu quelquefois des glands à terre dans le parc de ta grand'maman.

PAULINE.

Oui, mon papa; je me souviens d'en avoir ramassé pour jouer.

M. DE VERTEUIL.

Eh bien! Pauline, les glands sont la graine des chênes. Ces glands sont venus sur les chênes, à peu près de la même manière que les graines de cresson sont venues sur les tiges de cresson. Lorsque les glands sont mûrs, ils tombent de l'arbre; et si l'on en plante un, il en sort d'abord une racine qui s'enfonce dans la terre et y suce l'humidité qu'elle renferme. Alors il sort de la terre de petites feuilles vertes, et du milieu de ces feuilles il s'élève une tige, sur laquelle croissent beaucoup d'autres feuilles et des rameaux et des branches. Ce chêne grandit de jour en jour, d'année en année, jusqu'à ce qu'il soit devenu aussi grand que ceux qui sont dans le parc de ta grand'maman. Cela n'est-il pas admirable, Pauline, que d'un petit gland il en sorte un si grand arbre?

PAULINE.

Oui vraiment, mon papa; mais comment cela se fait-il? Je ne puis le comprendre.

M. DE VERTEUIL.

Je ne le comprends pas non plus, et personne ne peut l'expliquer. Cependant cela est ainsi, puisque nous le voyons arriver tous les jours. Lorsque nous irons cet automne chez ta grand'maman, nous aurons soin d'y ramasser des glands que tu planteras ici dans le jardin, pour que tu puisses voir croître de jeunes chênes sous tes yeux.

PAULINE.

Oui, mon papa; je veux que vous ayez bientôt un petite parc planté de ma main.

LA PLUIE,

Mme DE VERTEUIL, PAULINE, sa fille.

PAULINE.

Ah! ma chère maman, comme je voudrais qu'il vînt à pleuvoir?

Mme DE VERTEUIL.

Pourquoi donc, Pauline?

PAULINE.

C'est que le jardinier vient de me dire qu'il faudrait qu'il tombât de l'eau pour faire mûrir les groseilles.

Mme DE VERTEUIL.

Cependant tu te plains quelquefois de la pluie, lorsqu'elle t'empêche d'aller à la promenade.

PAULINE.

Oh! je ne m'en plaindrai plus. Qu'il pleuve, qu'il pleuve, maman.

Mme DE VERTEUIL.

Je le voudrais bien aussi, ma fille; mais ni toi, ni moi, personne enfin sur la terre, ne peut faire tomber la pluie à son commandement : il faut attendre qu'elle tombe d'elle-même.

PAULINE.

Mais, maman, la pluie nous vient des nuages. Si nous pouvions monter dans les nuages, ne pourrions-nous pas faire pleuvoir?

Mme DE VERTEUIL.

Non, ma fille. Il est très-facile d'aller dans les nuages; mais en faire tomber de la pluie, c'est ce qui ne dépend pas de nous.

PAULINE.

Il est facile d'aller dans les nuages? Et comment cela? Il me semble qu'il faudrait avoir des ailes comme un oiseau.

Mme DE VERTEUIL.

Les ailes seraient un excellent moyen pour cet effet; mais hélas! nous n'en avons point. Nous avons des jambes, et nos jambes peuvent y suffire.

PAULINE.

Des jambes pour aller dans les nuages?

Mme DE VERTEUIL.

Oui, sans doute, Pauline; et tu vas bientôt convenir toi-même qu'il n'est rien de si aisé à comprendre.

PAULINE.

Oh! voyons, je vous prie, maman.

Mme DE VERTEUIL.

Tu sauras d'abord qu'il y a des pays où l'on voit s'élever des montagnes, c'est-à-dire de grands monceaux de terre, de sable et de pierre, qui sont trente ou quarante fois plus hautes que les tours de Notre-Dame, plus hautes encore que le Mont-Valérien, que je t'ai fait voir du haut de l'étoile de Chaillot.

PAULINE.

Eh bien! maman, ces montagnes?

Mme DE VERTEUIL.

Lorsque l'on est grimpé sur leur sommet, on est aussi haut que les nuages, et quelquefois plus haut; alors, on les voit de là sous ses pieds comme nous les voyons d'ici sur nos têtes.

PAULINE.

Et comment paraissent-ils être faits?

Mme DE VERTEUIL.

Tu peux me le dire, Pauline.

PAULINE.

Moi, maman? Je n'ai pas grimpé sur les montagnes, qu'il m'en souvienne.

Mme DE VERTEUIL.

Il est vrai : mais il t'est cependant arrivé de te promener au milieu d'une espèce de nuage.

PAULINE.

Et quand donc, maman?

Mme DE VERTEUIL.

L'hiver dernier. Ne te souviens-tu pas de cet épais brouillard qui nous surprit un jour, lorsque nous revenions de chez ton oncle?

7

PAULINE.

Oui, vraiment, je m'en souviens encore.

Mme DE VERTEUIL.

Eh bien! Pauline, ce brouillard était une espèce de nuage ; et l'on voit sous ses pieds les nuages comme un brouillard, lorsque l'on est au sommet d'une haute montagne.

PAULINE.

Voilà qui est singulier.

Mme DE VERTEUIL.

Quoique nous fussions alors au milieu du brouillard, il nous fut impossible de le faire tomber en pluie. Il nous serait donc aussi impossible de faire tomber les nuages en pluie, quand nous serions au milieu des nuages.

PAULINE.

Comment vient donc la pluie, maman?

Mme DE VERTEUIL.

Ton papa m'a promis de te l'expliquer.

PAULINE.

Oh! c'est bon. Je saurai bien le faire souvenir de sa promesse.

LES VAPEURS.

M. DE VERTEUIL, PAULINE, sa fille.

PAULINE.

Mon papa, voulez-vous me permettre de monter sur cette banquette, près de la croisée? Je n'ouvrirai pas la fenêtre; je ne veux que regarder dans la rue à travers les vitres.

M. DE VERTEUIL.

Je le veux bien, Pauline. Viens, je vais te poser moi-même sur la banquette. Tu peux maintenant voir passer les voitures et les belles dames qui sont dedans, comme si la fenêtre était ouverte.

PAULINE.

Il est vrai, mon papa. (*Après un moment de silence.*) Mais, qu'est-ce donc? Je ne vois plus rien à travers la vitre. Elle était si claire il n'y a qu'un moment! D'où cela vient-il, je vous prie?

M. DE VERTEUIL.

Cela vient de ce que tu l'as obscurcie par ton haleine. Viens devant cet autre carreau. Ne vois-tu pas bien clair à travers?

PAULINE.

Oui, mon papa.

M. DE VERTEUIL.

Ouvre maintenant à demi la bouche en avançant les lèvres, et pousse ton haleine contre ce même carreau qui est encore si clair. Vois-tu comme il a été tout de suite obscurci par la vapeur sortie de ta bouche?

PAULINE.

Il est vrai.

M. DE VERTEUIL.

Et sais-tu ce que c'est que cette vapeur?

PAULINE.

Oh! non, du tout.

M. DE VERTEUIL.

C'est de l'eau chaude sortie de ta bouche avec l'air que tu as soufflé au dehors. Tiens, je vais le faire moi-même pour que tu voies mieux. Lorsque je pousse mon haleine contre cette vitre, elle se couvre d'une certaine quantité de vapeur. Si je souffle plus fort ou plus long-temps, cette vapeur devient de plus en plus épaisse, jusqu'à ce qu'elle redevienne de l'eau. Tiens, je vais recommencer. Vois-tu? déjà il se forme de petites gouttes; déjà elles commencent à couler le long de la vitre. Les voilà toutes descendues, il ne reste plus de vapeur, et tu peux voir encore à travers cette même vitre, qui était tout à l'heure si trouble.

PAULINE.

Il est vrai, mon papa.

M. DE VERTEUIL.

Te voilà donc sûre, par tes yeux, qu'une vapeur

est proprement de l'eau. Lorsque cette vapeur est légère, elle reste quelque temps dans cet état, comme tu peux le voir sur cette vitre qui est devant toi; et alors il n'est pas possible de distinguer par tes yeux si c'est de l'eau. Mais touche-la du bout du doigt, tu sentiras bien qu'elle est humide. Si cette vapeur vient à s'épaissir, alors elle devient de l'eau; et, lorsque cette eau coule, il ne reste plus de vapeur. Regarde encore. (*Il recommence l'opération.*)

PAULINE.

Tout cela est vrai, mon papa.

M. DE VERTEUIL.

Veux-tu que je te fasse voir plus clairement encore, avec une tasse d'eau bouillante?

PAULINE.

Oh! voyons, je vous prie.

(*M. de Verteuil va chercher une tasse avec une soucoupe; il verse de l'eau bouillante dans la tasse.*)

M. DE VERTEUIL.

Vois combien il sort de vapeurs de cette eau.

PAULINE.

Oui, mon papa, il en sort beaucoup.

M. DE VERTEUIL.

Tiens la main au-dessus, tu sentiras que cette vapeur est chaude et en même temps humide.

PAULINE, *en présentant la main à la vapeur.*

Oui, cela est vrai.

M. DE VERTEUIL.

Tu vois que cette soucoupe est bien sèche; touche-s-y toi-même. Eh bien! je vais l'exposer un moment à la vapeur. Vois-tu comme elle est devenue promptement humide? Maintenant je vais la tenir exposée plus long-temps. Regarde; la vapeur commence à s'épaissir au fond de la soucoupe. La voilà qui se forme déjà en petites gouttes; ces gouttes se rassemblent autour du bord. En voici une prête à tomber. Reçois-la sur ta main. Cette goutte est justement de l'eau, comme il y en a dans la tasse.

PAULINE.

Oui, c'est la même chose.

M. DE VERTEUIL.

Si tu sais retenir ce que je viens de te montrer, tu seras en état de comprendre des choses plus intéressantes, que je veux t'expliquer un autre jour.

PAULINE.

O mon papa! je suis impatiente de les apprendre.

LES NUAGES.

M. DE VERTEUIL, ADRIEN, PAULINE.

M. DE VERTEUIL.

Regarde, Adrien, comme ta petite sœur s'est joliment tapie dans ce coin pour se réchauffer au soleil.

PAULINE.

Oh! il fait très-bon ici, mon papa, je vous assure.

ADRIEN.

La voilà bien attrapée; le soleil a disparu.

PAULINE.

C'est bien dommage. D'où cela vient-il donc, mon papa?

M. DE VERTEUIL.

Viens ici à la fenêtre, et tu en sauras la raison. Vois-tu ce grand nuage blanc, qui court dans les airs?

PAULINE.

Oui, mon papa.

M. DE VERTEUIL.

Eh bien! Pauline, le soleil est là derrière comme derrière un rideau. C'est pour cela que tu ne peux pas le voir; mais lorsque le nuage aura couru plus loin, ce sera comme si le rideau avait été tiré, et alors tu verras le soleil reparaître. Tiens, voilà déjà le nuage qui s'éloigne peu à peu, et le soleil qui se montre de nouveau.

ADRIEN.

De quoi est donc fait un nuage, mon papa?

PAULINE.

Je voudrais bien le savoir aussi.

M. DE VERTEUIL.

Venez tous deux auprès de la table, je vais vous l'expliquer. (*Adrien et Pauline s'approchent de la table. M. de Verteuil lève le couvercle d'une bouilloire qui est sur un réchaud.*) Voyez-vous cette fumée qui sort de la bouilloire? Cherche dans ta mémoire, Pauline. Tu dois savoir ce que c'est.

PAULINE.

Oh! oui, mon papa, je me le rappelle. C'est une vapeur comme celle qui sort de ma bouche, et celle qui s'élevait l'autre jour de la tasse.

M. DE VERTEUIL.

Tu t'en souviens à merveille. Cette fumée n'est autre chose que de l'eau, qui, par la grande chaleur du feu placé sous la bouilloire, s'élève en vapeur. Lorsqu'une vapeur est arrêtée par quelque chose, et qu'ainsi elle peut se rassembler, s'épaissir et se refroidir, cette vapeur devient de l'eau; mais lorsque rien ne l'arrête, et qu'ainsi elle ne peut pas se rassembler, s'épaissir et se refroidir, alors elle se disperse et se perd dans l'air, comme fait à présent la vapeur qui s'élève de la bouilloire, quand je ne tiens pas l'écuelle par-dessus.

Retournons maintenant à la fenêtre. Voyez-vous cette terrasse qui règne le long de la maison? Il y reste encore de l'eau de la pluie d'hier. Le soleil y darde ses rayons avec force. Regardez bien, et vous verrez qu'il s'en élève çà et là quelques vapeurs, comme celles de la bouilloire, mais qui ne sont pas aussi épaisses.

ADRIEN.

Effectivement, je les vois s'élever. Tiens, Pauline, regarde là-bas, vers le milieu; les vois-tu?

PAULINE.

Oui, oui; je les vois aussi, mon frère.

M. DE VERTEUIL.

Eh bien! mes enfans, ces vapeurs s'élèvent de la même manière que celles de l'eau bouillante. Le soleil échauffe l'eau répandue sur la terrasse, comme le feu échauffe l'eau renfermée dans la bouilloire. Tu sais, Pauline, combien le soleil donne de chaleur?

PAULINE.

Oh! oui, mon papa; je le sentais bien tout à l'heure, dans mon petit coin, lorsqu'il donnait sur moi.

M. DE VERTEUIL.

Il échauffe de même l'eau répandue sur la terrasse; c'est pourquoi elle fume et s'élève en vapeurs, comme celle de la bouilloire. Tiens, vois-tu comme le soleil donne aussi là-bas sur l'eau qui est dans le fossé?

PAULINE.

Oui, mon papa.

M. DE VERTEUIL.

Cette eau doit donc s'élever aussi en vapeurs; mais ces vapeurs sont moins épaisses que celles qui s'élèvent de l'eau répandue sur la terrasse.

ADRIEN.

Et pourquoi donc, mon papa.

M. DE VERTEUIL.

Il n'y a qu'un peu d'eau sur la terrasse; ainsi cette eau a pu s'échauffer aisément. Mais dans le fossé il y a beaucoup d'eau ; ainsi cette eau n'a pu s'échauffer aussi vite. Tu as pu observer à la cuisine qu'il fallait beaucoup moins de temps pour faire bouillir un peu d'eau dans une petite bouilloire, que pour faire bouillir beaucoup d'eau dans un grand chaudron.

ADRIEN.

Il est vrai, mon papa.

M. DE VERTEUIL.

Il ne faut donc pas s'étonner que l'eau du fossé ne donne pas des vapeurs aussi épaisses que celles de la terrasse ; et c'est la raison pour laquelle tu ne ne peux voir les vapeurs qui s'élèvent de l'eau du fossé.

PAULINE.

Mais, mon papa, comment sait-on qu'il s'élève des vapeurs de l'eau du fossé, puisqu'on ne les voit pas ?

M. DE VERTEUIL.

Parce que l'on a observé que les fossés, les viviers et les autres grands amas d'eau s'épuisent peu à peu, s'ils ne reçoivent de l'eau nouvelle ; mais savez-vous ce que nous avons à faire pour que vous puissiez vous en convaincre par vos propres yeux ?

ADRIEN.

Eh ! quoi donc, mon papa ?

M. DE VERTEUIL.

Nous allons faire mettre un grand baquet près du fossé, ou dans le jardin, et nous y verserons de l'eau jusqu'au bord, tant qu'il ne puisse pas y en entrer davantage. Nous laisserons ensuite reposer cette eau pendant quelques jours sans y en ajouter de nouvelle. En regardant dès demain dans le baquet, vous verrez qu'il ne sera plus exactement rempli jusqu'au bord, mais qu'il y aura un peu moins d'eau qu'aujourd'hui. Après demain il y en aura moins encore, et moins encore le jour suivant, et ainsi de suite, jusqu'à ce qu'il devienne absolument vide ; pourvu cependant qu'il ne vienne pas à pleuvoir dans cet intervalle ; car vous sentez à merveille que la pluie y ferait entrer de nouvelle eau.

ADRIEN.

Je serai bien aise de faire cette expérience.

M. DE VERTEUIL.

Nous pourrons la commencer aujourd'hui même, et nous irons voir tous les jours combien il s'est évaporé de l'eau du baquet. Mais, dis-moi, Pauline, lorsque tu as laissé tomber de l'eau sur le fourreau de ta poupée, ou que tu viens de le laver, que fais-tu pour le faire sécher ?

PAULINE.

Je le donne à Nanette qui l'expose devant le feu, ou qui le met au soleil.

M. DE VERTEUIL.

Et alors le fourreau sèche, n'est-il pas vrai ?

PAULINE.

Oui bien, mon papa.

M. DE VERTEUIL.

Et pendant qu'il séchait, ne l'as-tu jamais vu fumer ?

PAULINE.

Oh! pardonnez-moi, lorsque l'ardeur du feu, ou celle du soleil, était bien forte.

M. DE VERTEUIL.

C'est qu'alors il sortait du fourreau tant de vapeurs à la fois, que tu pouvais les voir; mais lorsque le feu était petit, ou que le soleil n'était pas bien ardent, voyais-tu sortir les vapeurs?

PAULINE.

Non, mon papa.

M. DE VERTEUIL.

Cependant le fourreau n'en séchait pas moins à la longue.

PAULINE.

Oh! sans doute.

M. DE VERTEUIL.

Tu comprends donc que l'eau s'évaporait alors, quoique tu ne visses pas la vapeur; mais lorsqu'il n'y avait ni feu ni soleil, et que Nanette se contentait de suspendre le fourreau en plein air; ce fourreau ne parvenait-il pas enfin à sécher, quoiqu'il lui fallût plus de temps?

PAULINE.

Oui, mon papa.

M. DE VERTEUIL.

Ainsi donc la seule chaleur de l'air suffit pour évaporer l'eau de tout ce qui est humide. Mais savez-vous ce que deviennent toutes les vapeurs qui s'élèvent, soit de la terrasse, soit du fossé, soit du fourreau de la poupée de Pauline, soit enfin de tout ce qui est humide sur la terre ?

ADRIEN.

Non, mon papa.

M. DE VERTEUIL.

Elles s'élèvent dans l'air, et là elles se rassemblent, et restent suspendues. C'est ce qui forme les nuages.

PAULINE.

Quoi! mon papa, ce gros nuage qui est là-haut n'est formé que de vapeurs ?

M. DE VERTEUIL.

Non, ma fille; mais c'en est assez pour aujourd'hui sur cette matière. Nous la reprendrons dans un autre entretien.

LA PLUIE.

M. DE VERTEUIL, PAULINE, ADRIEN, ses enfans.

ADRIEN.

Voulez-vous me permettre, mon papa, d'aller me promener avec ma sœur dans le jardin ?

M. DE VERTEUIL.

Je le voudrais, mon ami; mais le temps est bien

sombre. Je crains qu'il ne pleuve bientôt. Voyons, je ne me trompais pas. Voici les premières gouttes qui commencent à tomber.

PAULINE.

Ah ! tant pis. Mais non, c'est tant mieux que je voulais dire. La pluie va faire mûrir les groseilles.

M. DE VERTEUIL.

Il est vrai. Les groseilles et tous les autres fruits en ont besoin.

PAULINE.

Nous en aurons une bonne ondée, car les nuages sont bien noirs.

M. DE VERTEUIL.

Tu te souviens donc de ce qui forme les nuages ?

PAULINE.

Oui, mon papa ; ce sont des vapeurs comme celles qui sortaient l'autre jour de la bouilloire.

M. DE VERTEUIL.

Tu l'as fort bien retenu. En effet, comme nous le disions dans le même entretien, toutes les vapeurs qui s'élèvent de l'eau, et de tout ce qu'il y a d'humide sur la terre, montent là-haut dans l'air s'y rassemblent, et composent ainsi les nuages. Mais vous souvenez-vous de ce qui arrive lorsque les vapeurs sont devenues trop épaisses ?

ADRIEN.

Oui, mon papa, ces vapeurs redeviennent de l'eau.

M. DE VERTEUIL.

A merveille. Eh bien ! lorsque les vapeurs qui forment les nuages sont redevenues de l'eau, elles retombent, comme elles sont maintenant, en gouttes de pluie.

PAULINE.

Oui, je comprends, comme les vapeurs de l'eau bouillante que vous aviez reçues dans l'écuelle retombaient en gouttes le long des bords.

M. DE VERTEUIL.

On ne peut pas mieux, ma chère Pauline; mais savez-vous pourquoi les vapeurs s'élèvent et les gouttes retombent?

ADRIEN.

Non, mon papa.

M. DE VERTEUIL.

C'est que les vapeurs sont plus légères que l'air, et que les gouttes sont plus pesantes.

PAULINE.

Je ne comprends pas bien cela, mon papa.

M. DE VERTEUIL.

Je vais te l'expliquer d'une autre manière. Tiens, j'ai ici une petite pierre et un petit morceau de bois; prends-les l'un et l'autre, et jette-les dans cette cuvette qui est pleine d'eau.

PAULINE, *après les avoir jetés dans l'eau.*

Oh! voilà la petite pierre au fond, et le morceau de bois aussi; mais non, le morceau de bois revient sur l'eau.

ADRIEN.

Et la pierre y reviendra-t-elle aussi, mon papa?

M. DE VERTEUIL.

Non, mon ami; la pierre restera toujours au fond

de l'eau, et le morceau de bois remontera toujours au-dessus. Regardez-bien : si je pousse avec la main le morceau de bois jusqu'au fond de la jatte, aussitôt que je ne le retiens plus, il remonte.

ADRIEN.

Oui, cela est vrai, mon papa.

PAULINE.

Et la pierre?

M. DE VERTEUIL.

Si je la retire du fond de la jatte et que je la laisse aller, elle retombe au fond comme auparavant.

ADRIEN.

Oui, je le vois, la pierre ne peut pas rester sur l'eau, et le morceau de bois ne peut pas rester au fond.

M. DE VERTEUIL.

Je vais te mettre tour-à-tour dans les mains une grosse pierre et un gros morceau de bois : tiens, ce morceau de bois n'est-il pas de la même grosseur que cette pierre?

ADRIEN.

Oui, mon papa, c'est la même chose.

M. DE VERTEUIL.

Pourrais-tu soulever ce morceau de bois et le tenir dans tes mains?

ADRIEN.

Je vais essayer, mon papa. (*Il soulève le morceau de bois et le porte.*) Oh! oui, je suis assez fort pour le tenir.

M. DE VERTEUIL.

Voyons maintenant la pierre.

ADRIEN, *essayant de soulever la pierre.*

Oh! non, mon papa, elle est trop lourde pour moi; c'est tout ce que je puis faire que de la remuer.

M. DE VERTEUIL.

Te voilà donc bien convaincu par toi-même que la pierre est plus pesante que le bois, quoiqu'elle ne soit pas du même volume.

ADRIEN.

Oh! il n'y a pas moyen d'en douter.

M. DE VERTEUIL.

Je vais maintenant jeter la pierre et le morceau de bois dans ce baquet rempli d'eau.

PAULINE.

Voilà la pierre qui reste au fond, et le morceau de bois qui revient par-dessus.

ADRIEN.

D'où cela vient-il donc, mon papa?

M. DE VERTEUIL.

C'est que le bois étant plus léger qu'un pareil volume d'eau monte au-dessus, et que la pierre au contraire étant plus pesante qu'un pareil volume d'eau descend au-dessous. Il en est de même des nuages; les vapeurs dont ils sont formés sont plus légères que l'air; c'est pourquoi elles cherchent, comme le morceau de bois, à s'élever au-dessus. Mais lorsqu'elles redeviennent de l'eau, cette eau étant plus pesante que l'air, elle doit, comme la pierre, chercher à tomber au-dessous.

ADRIEN.

Mais, mon papa, je croyais, d'après ce que vous m'aviez dit, que les vapeurs étaient toujours de l'eau.

M. DE VERTEUIL.

Oui, en effet, Adrien, elles sont toujours de l'eau, mais non de l'eau seulement. Les vapeurs sont de l'eau mêlée avec de l'air chaud, c'est-à-dire avec de l'air et du feu. L'air chaud, mêlé avec les vapeurs, fait qu'elles sont plus légères que l'eau seule, comme je vais vous en donner la preuve. (*M. de Verteuil se fait apporter une jatte pleine d'eau de savon, avec un tuyau de paille.*) Regardez bien, mes enfans, je vais prendre un peu d'eau de savon au bout de ce tuyau. Le voilà qui se forme en goutte, et la goutte tombe. Je vais en prendre une autre et souffler dedans, vous verrez la différence. (*Il souffle.*)

PAULINE.

O mon papa! quelle jolie boule! Elle est de toutes les couleurs.

M. DE VERTEUIL, *secouant la boule du bout de son tuyau.*

Voyez-vous, elle flotte maintenant dans l'air, parce que son poids est à peu près égal à celui d'un pareil volume d'air. Si j'avais pu parvenir à la faire beaucoup plus grosse, au lieu de flotter, elle se serait élevée rapidement comme la fumée, parce qu'elle aurait été beaucoup plus légère qu'un pareil volume d'air pareil au sein.

ADRIEN.

O mon papa! voilà qui est singulier; c'est peut-être aussi ce qui fait monter ces grands ballons que nous avons vu s'élever avec des hommes jusqu'au-dessus des nuages.

M. DE VERTEUIL.

Oui, mon cher Adrien, et je suis charmé que tu aies conjecturé cela de toi-même. Revenons à notre boule de savon; je vais la toucher du bout du doigt : voyez-vous, mes enfans, elle se brise; l'air chaud que j'y avais soufflé en sort, et se répand dans la chambre. Mais l'eau et le savon ne sont pas assez légers pour pouvoir se soutenir comme lui; il faut donc qu'ils retombent, et ils retombent, comme vous avez pu le voir, en petites gouttes. Il en arrive de même aux vapeurs dans les nuages. Les vapeurs sont de petites boules d'eau mêlées avec de l'air chaud. Ces boules sont justement en petit ce que les boules que je viens de faire sont en grand. Tant que les boules d'eau restent entières, elles flottent en l'air comme font les boules de savon; mais aussitôt que ces petites boules crèvent, ou parce qu'elles sont poussées trop violemment l'une contre l'autre, ou par quelque autre raison que ce soit, alors l'air chaud qu'elles renferment en sort; l'eau reste seule; et, comme elle est trop pesante pour pouvoir rester en l'air, elle tombe aussitôt, et en tombant, elle se rassemble en petites gouttes pareilles à celles que vous voyez à présent tomber. Comprenez-vous maintenant comment se forme la pluie?

PAULINE.

Oui, oui, mon papa; et dorénavant quand nous

nous mouillerons nous serons au moins en état de dire pourquoi.

LES SUITES FACHEUSES DE LA COLÈRE.

Mme DE CÉLIGNY, AGATHE sa fille, ÉMILIE sa niesse, JUSTINE sa femme de chambre.

AGATHE.

Oh! venez, maman, dans la chambre de ma cousine; tenez, voyez-vous son miroir tout en pièces, et ici, près de la table, un grand tas de porcelaines cassées. La pauvre Émélie en aura bien du chagrin. Comment cela peut-il être arrivé?

Mme DE CÉLIGNY.

Je n'en sais rien, Agathe; je vais appeler Justine pour m'en informer. (*Elle appelle.*) Justine, Justine. (*Justine s'avançant.*) Je veux savoir de vous la cause de ce dégât.

JUSTINE, *avec embarras.*

Madame, c'est..... Oh! je n'ose pas vous le dire.

Mme DE CÉLIGNY.

Ne craignez rien; parlez: le mal est fait; est-ce vous qui l'avez causé?

JUSTINE.

Oh! non, madame; je serais allée vous l'avouer

tout de suite. Il faut dire cependant que j'ai donné lieu à ce malheur par un autre qui m'est arrivé.

Mme DE CÉLIGNY.

Racontez-moi la chose comme elle s'est passée.

JUSTINE.

Le voici, madame. Tandis que mademoiselle Émilie était à déjeûner avec vous, j'ai voulu mettre en ordre son linge qui était sur le marbre de la commode, au-dessous du miroir. Je ne sais comment cela s'est fait ; mais j'ai poussé un joli pot de fleurs de terre anglaise que mademoiselle Émilie avait acheté hier, et qui était caché sous les plis d'une serviette, en sorte que je ne pouvais pas le voir. Le pot est tombé de dessus la commode, et s'est brisé en mille pièces.

Mme DE CÉLIGNY.

Et qu'a fait Émilie, lorsque vous lui avez appris cet accident ?

JUSTINE.

O madame ! elle était dans une si grande fureur, elle m'a tant querellée, que je ne savais où me cacher. D'abord je ne lui ai rien répondu ; de peur de la fâcher encore d'avantage ; mais à la fin, voyant qu'elle ne s'apaisait pas, je n'ai pu m'empêcher de lui dire : Après tout, mademoiselle, de quoi suis-je coupable ? Pouvais-je deviner qu'un pot de fleurs dût être caché sous une serviette ? Ces paroles n'ont fait que l'enflammer encore plus. Comment donc, impertinante, m'a-t-elle répliqué, allez-vous dire encore que c'est ma faute ? Là-dessus elle a couru

vers la table ronde pour y prendre un trousseau de
clés; mais par la violence de son mouvement elle a
renversé la table, et toutes les tasses de porcelaines
qui étaient dessus sont tombées en pièces sur le plancher. Dans le désespoir où l'a jeté ce nouveau malheur, elle a voulu me lancer le trouceau de clés à la
tête; heureusement je me suis baissée, les clés ont
volé au miroir, et en ont fait tomber la glace en
mille morceaux.

Mme DE CÉLIGNY.

Émilie a bien gagné vraiment à ce beau coup-là :
et qu'a-t-elle dit alors?

JUSTINE.

O madame! je n'en sais rien; je me suis enfuie de
la chambre de toute la vitesse de mes jambes. Dans
le premier mouvement, je voulais aller vous porter
mes plaintes sur ce mauvais traitement, et vous demander mon congé ; mais j'ai fait ensuite une autre
réflexion qui ma retenue : mademoiselle Émile a le
cœur si bon! c'est bien dommage qu'elle se laisse
toujours emporter par le premier mouvement de sa
colère.

Mme DE CÉLIGNY.

Oui, certes, c'est bien dommage; ce défaut seul
empoisonne toutes ses autres qualités. Avec le meilleur cœur du monde, il lui arrivera tôt ou tard quelque grand malheur, si elle continue de s'abandonner
à ses emportemens; mais je saurai la punir d'une
manière qui l'obligera de se corriger. La porcelaine
lui appartenait; elle peut faire comme elle voudra,

je ne lui en donnerai pas d'autre à la place : mais, pour ma glace, il faudra bien qu'elle me la paie sans remise; et, comme elle était fort grande et fort belle, sa bourse s'en souviendra long-temps. Elle aura tout le temps d'apprendre ce que l'on gagne à ces violences. Ce n'est pas tout : je vous défends, Justine, de faire la moindre chose pour son service, jusqu'à ce qu'elle soit venue en ma présence, vous demander amicalement pardon, avec promesse de ne jamais se comporter envers vous comme elle l'a fait aujourd'hui.

JUSTINE.

O madame! il n'est pas nécessaire; mademoiselle Émilie saura bien d'elle-même faire ses réflexions, et je suis déjà satisfaite.

Mme DE CÉLIGNY.

Et moi je ne le suis pas; il faut lui apprendre qu'elle ne doit pas plus vous maltraiter, vous, que tout autre personne. Je ne vous garderai plus à mon service, si vous n'exécutez ponctuellement les ordres que je vous prescrits. Émilie ne sera pas venue dans ma maison pour y gâter son caractère. Je répondrais mal à la promesse que je fis à ma sœur, lorsqu'elle me confia, en mourant, son éducation. Mais la voici qui vient : approchez, Émilie.

ÉMILIE, *courant se jeter dans les bras de madame de Céligny.*

O ma chère tante! je le sais, je mérite tout ce que vous pouvez me dire, je suis digne de la plus sévère punition. Quelle était ma folie de me laisser ainsi emporter par ma colère! Ah! si vous pouviez savoir combien j'en suis désolée.

Mme DE CÉLIGNY.

Je le crois, Émilie; mais le regret vient toujours trop tard, et ne saurait rien réparer; si vous aviez atteint Justine à la tête avec vos clés, et que.....

ÉMILIE.

Par pitié, ma chère tante, je vous en conjure, n'en dites pas davantage, vous me percez le cœur; je ne sais où me cacher de honte et de désespoir. Ma chère Justine, je te demande excuse; s'il m'arrive jamais de me mettre en colère contre toi et de te dire des injures, tu n'auras qu'à me répondre : Émilie, souvenez-vous du trousseau de clés, et je serai bien sûre alors de m'arrêter dans mon emportement. Mais ce n'est pas tout, tiens, ma chère Justine (*lui mettant sa bourse dans la main*), voici pour te faire oublier la peine que je t'ai causée.

JUSTINE, *essuyant ses yeux*.

Non, mademoiselle, c'est trop; je n'en ai pas besoin, je ne la prendrai pas.

Mme DE CÉLIGNY.

Vous pouvez la prendre, Justine; Émilie a pu vous l'offrir pour vous montrer qu'elle n'épargne rien pour racheter sa faute. Mais cependant elle ne doit pas croire qu'un outrage puisse se payer à prix d'argent. Je suis d'ailleurs charmée qu'elle ait pensé d'elle-même à vous demander excuse, et à vous offrir tous les dédommagemens qui sont en son pouvoir. Si elle y avait manqué, il aurait fallu que je lui en fisse

Ma chère Justine, voici pour te faire oublier la peine que je t'ai causée.

moi-même la leçon. Je lui sais gré de l'avoir prévenue ; cela me prouve qu'elle est pénétrée de regret de la faute qu'elle a commise.

ÉMILIE.

Oh! oui, ma chère tante, je ne la sens que trop bien.

Mme DE CÉLIGNY.

En ce cas, je ne t'en dirai pas davantage, et je ne ferai que te livrer à tes réflexions et à tes regrets. Mais toi, ma chère Agathe, reçois une utile leçon du malheur de ta cousine, et vois ce qui arrive lorsqu'on se laisse vaincre par sa colère. Loin de pouvoir se procurer par là quelque soulagement, on ne fait que s'attirer de nouveaux chagrins, et se préciter dans un plus cruel embarras. Songe aux remords affreux qui auraient éternellement poursuivi la malheureux Émilie, si elle avait atteint Justine à la tête avec ses clés, et qu'elle lui eût emporté un œil. C'est pourquoi, lorsque tu sentiras la colère prête à te saisir, souviens-toi de cette aventure, et cherche à recueillir toutes tes forces pour surmonter à l'instant même ton emportement. Si tu ne t'accoutumes ainsi de bonne heure à prendre de l'empire sur toi-même, tu deviendras le jouet de toutes tes passions; et, après t'avoir rendue mille fois un objet de risée aux yeux des personnes raisonnables, peut-être en viendront-elles à t'emporter malgré toi dans des malheurs dont la seule idée fait frémir, et que tu voudrais en vain racheter chaque jour de ta vie au prix de tout son sang.

LES CINQ SENS.

M#me# DE VERTEUIL, PAULINE, sa fille

M#me# DE VERTEUIL.

Regarde bien, Pauline; voici ta poupée, qui a, comme toi, des bras, des jambes, une tête, un nez, une bouche. Ta poupée est-elle une chose comme toi? ou crois-tu être une autre chose que ta poupée?

PAULINE.

Oh! il me semble que je suis bien une autre chose, maman.

M#me# DE VERTEUIL.

Quelle différence y a-t-il donc entre vous deux? Que peux-tu faire, par exemple, que ne puisse pas faire ta poupée?

PAULINE.

Voyez, maman, je puis lever ma main, je puis courir, sauter, me tenir sur un pied; et la poupée ne peut rien faire de tout cela.

M#me# DE VERTEUIL.

Tu as raison; tu peux te mouvoir, et la poupée ne le peut pas. Mais n'as-tu pas vu rouler le chariot de ton petit frère? il se meut aussi.

PAULINE.

Oui, maman, je le crois bien; lorsque Nanette le

tire par devant ou le pousse par derrière, il faut bien alors qu'il se meuve. Mais moi, je n'ai pas besoin, pour me mouvoir, que l'on me pousse par derrière, que l'on me tire par devant. Voyez comme je sais courir et sauter toute seule.

Mme DE VERTEUIL.

Il est vrai, le chariot et la poupée ne peuvent pas se mouvoir d'eux-mêmes; il faut traîner l'un et porter l'autre. Mais toi, tu peux te mouvoir de toi-même comme tu veux. Tu peux te lever, t'asseoir, marcher lentement ou courir, comme tu le trouve bon; tu peux faire usage de tes pieds, de tes mains, de ta langue, ainsi qu'il te plaît. Mais, Pauline, ton petit frère ne peut ni parler, ni sauter, ni courir; il a besoin qu'on le porte comme la poupée. N'est-il pas au moins, lui, la même chose qu'une poupée?

PAULINE.

Non pas tout-à-fait, ce me semble, maman; mon petit frère peut lever sa main, remuer la tête, pousser des cris. Et les petits enfans deviennent grands, au lieu que la poupée ne grandira jamais.

Mme DE VERTEUIL.

Ton observation est très-juste. Mais Pauline, comment sais-tu que ton petit frère peut faire tout ce que tu viens de dire?

PAULINE.

C'est que je l'ai vu plus d'une fois.

Mme DE VERTEUIL.

Et avec quoi l'as-tu vu?

PAULINE.

Avec mes yeux, maman.

Mme DE VERTEUIL.

Et si tu n'avais pas eu d'yeux, aurais-tu pu le voir?

PAULINE.

Oh! non sans doute.

Mme DE VERTEUIL.

Tu n'aurais donc pu savoir alors si ton petit frère est en état de remuer sa tête ou de lever sa main.

PAULINE.

Non, vraiment, je ne l'aurais jamais su.

Mme DE VERTEUIL.

Et pourrais-tu savoir quelque chose si tu n'avais pas d'yeux? Saurais-tu, par exemple, ce qui se passe autour de toi?

PAULINE.

Je ne le crois pas, maman. Je serais alors comme je suis pendant la nuit, quand je me réveille, et qu'il n'y a pas de lumière. C'est comme s'il n'y avait plus rien dans la chambre.

Mme DE VERTEUIL.

Il est vrai, c'est la même chose. Mais ferme un instant les yeux, comme cela. Bon. Dis-moi, maintenant, comment est cette table sur laquelle tu es appuyée? Est-elle tendre ou dure?

PAULINE.

La table est dure, maman.

Mme DE VERTEUIL.

Comment sais-tu tout cela, ma fille? Tu ne peux pas le voir, puisque tes yeux sont fermés.

PAULINE.

Non, maman, je ne peux pas le voir sans doute; mais je sais bien que la table est dure quand je la touche.

Mme DE VERTEUIL.

Ainsi tu peux le savoir par le toucher sans te servir de tes yeux pour le voir?

PAULINE.

Oui, maman.

Mme DE VERTEUIL.

Tu peux donc savoir quelque chose de deux manières, par la vue et par le toucher?

PAULINE.

Cela est vrai, maman.

Mme DE VERTEUIL.

Ferme encore un peu les yeux, et place tes mains derrière le dos. Qu'est-ce que je mets sous ton nez?

PAULINE.

Maman, c'est une rose.

Mme DE VERTEUIL.

Tu as deviné juste. Mais comment sais-tu que c'est une rose, puisque tu ne l'as ni vue ni touchée?

PAULINE.

C'est que je l'ai sentie. Rien au monde n'a une si bonne odeur.

Mme DE VERTEUIL.

Ainsi, ma fille, tu peux savoir encore quelque chose par l'odorat.

PAULINE.

Cela est vrai, maman.

Mme DE VERTEUIL.

Voilà donc trois moyens par lesquels tu peux savoir quelque chose : la vue, le toucher, et l'odorat. (*Pauline entr'ouvre les yeux.*) Non, non, Pauline, je n'ai pas fini. Les yeux encore fermés s'il te plaît.

PAULINE.

Tenez, maman, je dois vous en avertir, je tricherais malgré moi.

Mme DE VERTEUIL.

Comment donc ?

PAULINE.

J'ai beau le vouloir, je ne puis tenir mes yeux fermés si long-temps; ils s'ouvrent d'eux-mêmes avant que j'y pense.

Mme DE VERTEUIL.

Viens, je vais te les bander avec ce mouchoir. De cette manière tu ne pourras plus voir, quand même tu le voudrais. (*Elle lui attache le mouchoir sur les yeux.*) Eh bien ! vois-tu maintenant ?

PAULINE.

Non, maman, je ne vois rien : c'est en bonne conscience. (*Madame de Verteuil fait signe sans la nommer, à Henriette, sa fille aînée, qui joue avec son petit frère et sa bonne à l'autre bout de la chambre, d'approcher doucement.*)

Mme DE VERTEUIL, *à Pauline.*

Tu es bien sûre de ne rien voir ; ce n'est pas tout. Place l'une de tes mains derrière le dos, et bouche-toi le nez de l'autre pour être aussi sûre que tu ne pourras ni toucher ni sentir. Reste comme cela.

Voici une visite que je t'annonce (*A Henriette.*) Avancez, je vous prie; souhaitez le bonjour à Pauline.

HENRIETTE.

Bonjour, Pauline.

PAULINE, *vivement*.

Bonjour, Henriette.

Mme DE VERTEUIL.

Hé! hé! Pauline! comment sais-tu donc que c'est Henriette qui te souhaite le bonjour?

PAULINE.

C'est que je l'ai entendue, maman. Je reconnais bien la voix de ma sœur, peut-être.

Mme DE VERTEUIL.

Fort bien. Voici une découverte nouvelle. Tu sais encore quelque chose, non pour avoir vu, touché, senti, mais seulement pour avoir entendu; ainsi donc voilà déjà quatre moyens par lesquels tu peux savoir quelque chose : la vue, le toucher, l'odorat et l'ouïe.

PAULINE.

Vraiment oui, maman. Je suis savante de quatre façons.

Mme DE VERTEUIL.

Remets-toi comme tu étais tout à l'heure. Henriette va de ses mains te boucher les oreilles par-dessus le marché. Dans cet état, tu ne peux ni voir, ni toucher, ni sentir, ni entendre. Essayons s'il reste quelque autre moyen par lequel tu puisses savoir encore quelque chose.

PAULINE.

Voyons, maman; je vous attends à l'épreuve.

Mme DE VERTEUIL.

Ouvre la bouche. Qu'est-ce que je viens d'y mettre?

PAULINE, *après avoir goûté.*

C'est de la gelée de groseille.

Mme DE VERTEUIL.

Et comment le sais-tu?

PAULINE.

Fiez-vous à mon goût, je suis connaisseuse.

Mme DE VERTEUIL.

Ton goût ne t'a point trompée. Ton goût! mais voilà donc un cinquième moyen par lequel tu peux savoir quelque chose. Pourrais-tu me les nommer ces cinq moyens? ou veux-tu que je te les dise encore une fois?

PAULINE.

J'aime mieux que vous me les disiez, maman, pour les mieux retenir. Moi, je pourrais en laisser égarer quelqu'un; et franchement j'aurais du regret à les perdre.

Mme DE VERTEUIL, *après avoir débandé les yeux à Pauline.*

Ces cinq moyens par lesquels nous pouvons savoir quelque chose ou acquérir des connaissances, sont : la vue, le toucher, l'odorat, l'ouïe et le goût. On les appelle les cinq sens.

PAULINE.

Je suis bien aise d'être assurée qu'il ne m'en manque pas un. Je sais très-bien voir, toucher, sentir, ouïr et goûter.

Mme DE VERTEUIL.

Et ta poupée peut-elle faire quelques-unes de ces choses?

PAULINE.

Je la défie d'en faire une seule. Je lui donne à choisir.

Mme DE VERTEUIL.

Voilà donc une grande différence entre vous deux. Ta poupée ne peut ni se mouvoir d'elle-même, ni voir, ni toucher, ni sentir, ni ouïr, ni goûter comme toi. Et sais-tu comment on appelle ceux qui peuvent faire cela?

PAULINE.

Non, maman.

Mme DE VERTEUIL.

On les appelle êtres vivans et animés. Ainsi tu es un être vivant et animé, et ta poupée ne l'est pas. Mais dis-moi maintenant, les animaux, comme les chiens, les chats et les oiseaux, sont-ils des êtres vivans et animés ou non?

PAULINE.

Je crois qu'ils le sont, maman.

Mme DE VERTEUIL.

Tu as raison de le croire; car le chat peut se mouvoir de lui-même aussi bien que toi; et je me doute qu'il sait même courir un peu plus vite et sauter un peu plus haut; n'est-il pas vrai?

8.

PAULINE.

Oui, maman; je lui cède ces avantages.

Mme DE VERTEUIL.

Et lorsque tu vas à lui en frappant dans tes mains, peut-il entendre le bruit que tu fais?

PAULINE.

Oh! il l'entend sans doute, car il se met aussitôt à fuir.

Mme DE VERTEUIL.

Et lorsque tu lui fais toucher par derrière ton bâton?

PAULINE.

Il s'enfuit plus vite encore.

Mme DE VERTEUIL.

Il est donc sensible au toucher?

PAULINE.

Oui, maman, je vous assure, il est fort douillet sur ce point.

Mme DE VERTEUIL.

Mais, sans le poursuivre, lorsque tu lui montres seulement le bâton, en le menaçant du geste?

PAULINE.

Il le voit si bien que bientôt je ne le vois plus lui-même.

Mme DE VERTEUIL.

Voilà déjà trois sens qu'il possède comme toi, la vue, le toucher et l'ouïe. Voyons encore s'il a l'odorat et le goût.

PAULINE.

Oh! je vous en réponds; il sent de fort loin une

fricassée; et jetez-lui en même temps un morceau de gigot et un bouchon, il en sait très-bien faire la différence.

Mme DE VERTEUIL.

Il en est de même de tous les autres animaux. Ils peuvent se mouvoir d'eux-mêmes comme ils veulent; ils peuvent voir, toucher, sentir, ouïr et goûter comme nous. Ils sont donc, comme nous, des êtres vivans et animés. Ta poupée ne peut rien faire de tout cela : ta poupée est donc une chose sans vie, une chose inanimée, ainsi que cette table et ces fauteuils?

PAULINE.

J'ai donc quelque chose de plus que ces fauteuils, que cette table et que ma poupée; mais qu'ai-je de plus que le chat?

Mme DE VERTEUIL.

Une chose bien précieuse, et dont nous parlerons dans un autre entretien; une chose que tu pourrais trouver dans ta question même; car Minet, de sa vie entière, n'aurait été en état de me faire cette question.

LES SENSATIONS.

Mme DE VERTEUIL, PAULINE, *sa fille*.

Mme DE VERTEUIL.

Pauline, ferme les yeux et ne les ouvre pas que je ne te le dise. Fort bien. Pense maintenant à Nanette. N'est-ce pas comme si tu la voyais ?

PAULINE.

Oui, maman ; il me semble la voir en effet.

Mme DE VERTEUIL.

Et comment la vois-tu ?

PAULINE.

Comme si elle était devant moi, ou plutôt comme si elle était dans ma tête.

Mme DE VERTEUIL.

Eh bien ! Pauline, lorsque Nanette est absente, tu la vois cependant comme si elle était dans tête ou devant toi, alors tu te représentes ce que l'on appelle une image de Nanette.

PAULINE.

Puis-je maintenant ouvrir les yeux ?

Mme DE VERTEUIL.

Oui, ma fille. Mais, dis-moi, comme tu viens de penser à Nanette, ne peux-tu pas aussi penser de même à ton petit frère, à ta sœur, à ta poupée, à la maison de ta grand'maman?

PAULINE.

Oui, sans doute; je viens de penser à tout ce que vous venez de dire, à mesure que vous le nommiez.

Mme DE VERTEUIL.

N'est-ce pas comme si tu avais eu tous ces objets devant toi lorsque tu y pensais?

PAULINE.

Oui, maman; je les voyais devant moi, quoique j'eusse les yeux ouverts. Pourquoi me les faisiez-vous fermer tout à l'heure?

Mme DE VERTEUIL.

Parce que, n'étant pas distraite par autre chose, tu devais ne penser uniquement qu'à Nanette, et par conséquent t'en retracer une image plus vive. Tu en as dû aussi mieux remarquer ce qui arrive proprement lorsque l'on pense à quelque chose. Mais tu peux bien y penser, même lorsque tu as les yeux ouverts. Par exemple, pense maintenant à ton petit frère; ne vois-tu pas son image sans avoir besoin de fermer les yeux?

PAULINE.

Oui, maman; je le vois qui me sourit.

Mme DE VERTEUIL.

Pense à présent à la table qui est là-bas dans la salle à manger. Ne saurais-tu me dire précisément de quelle couleur elle est, comme si tu la voyais? Est-elle noire ou blanche?

PAULINE.

Ni l'un ni l'autre, maman; elle est couleur de marron.

Mme DE VERTEUIL.

Est-elle ronde ou carrée?

PAULINE.

Elle est ronde.

Mme DE VERTEUIL.

A merveille. Tu vois donc qu'en pensant à la table, tu peux t'en représenter une image, et me dire sa couleur et sa forme aussi bien que si elle était sous tes yeux.

PAULINE.

Il est vrai, maman; mais comment cela se fait-il?

Mme DE VERTEUIL.

Cette table a fortement frappé ta vue, qui est, comme tu le sais, l'un de tes sens. Cette impression, une fois bien faite, suffit pour te rappeler l'image de la table toutes les fois que tu y penses.

PAULINE.

Mais, maman, il m'arrive quelquefois de penser à des choses que je n'ai jamais vues. Par exemple, je me figure en ce moment une poupée deux fois plus grande que la mienne; je lui donne une belle robe d'or et d'argent, des agraffes de perles et un collier de diamans. Je n'ai jamais réellement vu de poupée de cette taille, ni qui fût aussi bien parée. Comment donc est-ce que je puis me représenter son image?

Mme DE VERTEUIL.

Cette explication nous mènerait actuellement

trop loin. Il suffit que tu conçoives qu'en pensant à une chose que tu as bien vue, tu peux te représenter son image toutes les fois qu'il te plaît. Mais, dis-moi, il t'est souvent arrivé d'entendre un tambour, de sentir une rose, de manger des fraises; de toucher du satin?

PAULINE.

Oui, sans doute, maman.

Mme DE VERTEUIL.

Pense au tambour; qu'est-ce qui t'arrive?

PAULINE.

Je crois en entendre le bruit.

Mme DE VERTEUIL.

Et la rose?

PAULINE.

Je crois en respirer l'odeur.

Mme DE VERTEUIL.

Et les fraises?

PAULINE.

Je crois en goûter; l'eau m'en vient à la bouche.

Mme DE VERTEUIL.

Et le satin?

PAULINE.

Je crois en toucher encore. Oh! comme c'est moelleux sous mes doigts!

Mme DE VERTEUIL.

Comprends-tu, Pauline? Ces objets ont fait autrefois une vive impression sur tes sens; le tambour sur ton ouïe, la rose sur ton odorat, les fraises sur ton goût, le satin sur ton toucher. Ces impressions, que l'on appelle sensations, te rappellent, quand tu y penses, chacun des objets; et l'effet qu'il a produit sur toi, à peu près comme s'il le produisait encore en ce moment. Mais je crains que ton esprit ne se fatigue; nous reprendrons une autre fois cet entretien.

PAULINE.

Comme vous voudrez, maman. Soyez pourtant persuadée que je ne me lasse jamais de causer avec vous.

L'AME DES BÊTES.

Mme DE VERTEUIL, PAULINE, *sa fille.*

PAULINE.

Voyez, voyez, maman; voilà un petit oiseau qui est couché à terre et qui dort.

Mme DE VERTEUIL.

Cet oiseau ne dort pas, ma fille; les oiseaux ne s'étendent jamais ainsi à terre pour dormir. Lorsqu'ils sentent venir le sommeil, ils vont se percher sur une branche, où ils se tiennent fortement accrochés avec leurs pattes; et, la tête cachée sous l'une de leurs ailes, ils ferment les yeux et s'endorment.

PAULINE.

Que fait donc cet oiseau, maman?

Mme DE VERTEUIL.

Va le ramasser et je te le dirai.

PAULINE.

Mais, maman, si j'approche l'oiseau va s'envoler.

Mme DE VERTEUIL.

Non, non, Pauline, il ne s'envolera pas, je t'en réponds.

(*Pauline va ramasser l'oiseau.*)

PAULINE.

Oh! voyez, maman, il ne sait plus soutenir sa tête branlante, et ses yeux sont fermés.

Mme DE VERTEUIL.

Tiens, touche son corps; la pauvre bête est encore toute chaude. Ses petites pattes et ses ailes n'ont pas encore perdu leur souplesse.

PAULINE.

Mais, maman, pourquoi ne s'envole-t-il pas?

Mme DE VERTEUIL.

Te rappelles-tu, Pauline, que je te disais l'autre jour que les oiseaux, le chat, et tous les animaux sont vivans et animés, parce qu'ils peuvent se mouvoir d'eux-mêmes, et qu'ils sont capables de voir, d'ouïr et de sentir; mais que ta poupée n'est point vivante et animée, parce qu'elle ne peut rien faire de tout cela?

PAULINE.

Oui, maman, je me le rappelle.

Mme DE VERTEUIL.

Eh bien! ma fille, cet oiseau a été vivant et animé, parce qu'il a pu se mouvoir de lui-même, et qu'il était capable d'ouïr, de voir et de sentir aussi bien que les autres oiseaux. Mais à présent il n'est plus vivant et animé, parce qu'il ne peut plus se mouvoir de lui-même, et qu'il n'est plus capable d'ouïr, de voir, ni de sentir. Regarde, je vais le piquer avec une épingle.

PAULINE.

O maman! si vous alliez lui faire du mal!

Mme DE VERTEUIL.

Ne crains rien, ma fille, je ne lui en ferai pas. (*Elle pique l'oiseau en divers endroits avec une épingle.*) Tiens, vois s'il bouge. Il ne sent pas plus que je le pique, que ta poupée le sentirait. Si cet oiseau était encore vivant et animé, et que je le piquasse comme je fais maintenant, ou que tu frappasses dans tes mains, ou que tu fisses mine de le chasser avec ton mouchoir, alors il sentirait la piqûre, ou il entendrait le bruit de tes mains, ou il verrait le mouvement de ton mouchoir, et aussitôt il s'envolerait; ou bien si je le tenais par le bec, comme je le tiens à présent, nous le verrions se débattre pour chercher à s'échapper; mais que je le pique de mille coups d'épingle, que tu frappes dans tes mains ou que tu le menaces de ton mouchoir tant qu'il te plaira, le pauvre oiseau n'en saura rien : il ne peut plus, ni voir, ni ouïr, ni sentir.

PAULINE.

Quand est-ce donc qu'il pourra faire encore tout cela, maman?

Mme DE VERTEUIL.

Il ne le pourra jamais, Pauline. Lorsqu'un animal cesse d'être une fois vivant et animé, il n'est plus capable de le redevenir. Il ne pourra plus ni chanter, ni manger, ni boire, ni voltiger avec les autres oiseaux.

PAULINE.

Mais, maman, qu'est-ce qui l'en empêche?

Mme DE VERTEUIL.

C'est qu'il est mort.

PAULINE.

Et qu'est-ce que c'est que d'être mort?

Mme DE VERTEUIL.

Je ne sais, Pauline, si je pourrai venir à bout de te l'expliquer. Tu vois bien que cet oiseau ne paraît plus être comme dans le temps où il était en vie. Il ne peut plus se servir de sa tête, de son bec, de ses pattes et de ses ailes comme les autres oiseaux qui voltigent autour de nous.

PAULINE.

Cela est vrai; maman.

M. DE VERTEUIL.

Tu peux donc concevoir par là, Pauline, que, dans le corps d'un oiseau vivant, il doit y avoir quelque chose qui ne se trouve plus dans le corps d'un oiseau mort; et comme c'est ce qui fait qu'un oiseau vivant peut se mouvoir de lui-même, cela fait aussi qu'un oiseau mort est incapable d'avoir de lui-même aucun mouvement.

PAULINE.

Et cette chose, maman quelle est-elle ?

M. DE VERTEUIL.

Ce qui fait qu'un oiseau vivant peut se mouvoir de lui-même, et qu'il est aussi capable d'ouïr, de voir et de sentir, est ce que l'on nomme l'âme d'un oiseau. Aussi long-temps que cette âme est dans le corps d'un oiseau, aussi long-temps cet oiseau est vivant et animé, capable de se mouvoir de lui-même, aussi bien que d'ouïr, de voir et de sentir. Mais, dès l'instant où l'âme sort du corps de l'oiseau, l'oiseau cesse de respirer; et alors il est mort, c'est-à-dire, incapable d'ouïr, de voir, de sentir, et de se mouvoir de lui-même.

PAULINE.

Mais, maman, lorsque l'âme sort du corps de l'oiseau, que devient-elle ?

M. DE VERTEUIL.

Je n'en sais rien; mais je dois penser qu'elle n'est plus dans le corps d'un oiseau, lorsque cet oiseau ne peut plus se mouvoir, et qu'il est incapable d'ouïr, de voir et de sentir. Tiens, regarde, je vais ouvrir les yeux de celui-ci. Passe et repasse ta main par-devant. Si le pauvre animal vivait encore, il verrait ta main, et chercherait à s'enfuir; main, à présent qu'il est mort, il ne voit rien, quoique ses yeux soient ouverts et tournés vers toi. Si j'avais ici une chandelle allumée, tu pourrais la voir reluire dans les yeux de l'oiseau; et, malgré cela, l'oiseau ne la verrait point. Il faut donc que, dans le corps de cet oiseau, lorsqu'il vivait encore, il ait eu quelque chose qui faisait qu'il voyait par ses yeux; et cette chose que nous appelons l'âme de l'oiseaux n'étant plus en lui, il ne peut plus voir.

PAULINE.

Ah! je commence à comprendre, maman.

Mme DE VERTEUIL.

Veux-tu que j'essaie de te rendre encore cela plus sensible par une comparaison?

PAULINE.

Si je le veux, maman! vous ne sauriez me faire plus de plaisir.

Mme DE VERTEUIL.

C'est comme lorsque tu es dans ta chambre, la fenêtre ouverte, et que tu regardes dans le jardin; aussi long-temps que tu es dans ta chambre et devant la fenêtre, tu peux voir dans le jardin tout ce qui s'y passe; mais, si tu sors de ta chambre, pourras-tu voir plus long-temps par la fenêtre?

PAULINE.

Non, sans doute, maman.

Mme DE VERTEUIL.

Eh bien! ma fille, il en est de même de l'âme de l'oiseau. Aussi long-temps que l'âme est dans le corps de l'oiseau, elle voit par les yeux de l'animal tout ce qui se passe autour de lui, comme tu vois par la fenêtre de ta chambre tout ce qui se passe au dehors. Mais aussitôt que l'âme de l'oiseau n'est plus dans son corps, alors il ne sert de rien que ses yeux soient ouverts, comme il ne sert de rien que la fenêtre de ta chambre soit ouverte lorsque tu n'es plus dans ta chambre. Les yeux, ainsi que la fenêtre, sont bien ouverts, mais il n'y a plus rien qui regarde.

PAULINE.

Il est vrai, maman; mais si je rentre dans ma chambre, je puis bien voir encore par la fenêtre?

Mme DE VERTEUIL.

Oui, sans doute, ma fille; et l'âme de l'oiseau pourrait encore voir de nouveau par ses yeux si elle rentrait dans le corps avant qu'il tombât en corruption. Mais voici la différence: tu peux toujours rentrer dans ta chambre lorsque tu veux; mais, lorsque l'âme de l'oiseau est une fois sortie de son corps, elle n'y rentre plus; et c'est pour cela qu'un oiseau mort ne peut plus rien voir, ni se servir d'aucun autre de ses sens, non plus que se mouvoir de lui-même.

PAULINE.

En est-il de même de nous lorsque nous mourons?

Mme DE VERTEUIL.

Hélas! oui, ma fille; mais ce sujet nous conduirait maintenant trop loin. Il faut, d'ailleurs, le réserver pour un temps où tu seras plus en état de comprendre ce que j'aurai à te dire là-dessus.

L'HOMME, SUPÉRIEUR AUX ANIMAUX.

Mme DE VERTEUIL, PAULINE, sa fille.

Mme DE VERTEUIL.

Pauline, nous avons vu l'autre jour que tu avais quelque choe de plus que ta poupée, parce que tu peux te mouvoir de toi-même, que tu peux voir, toucher, sentir, ouïr et goûter; et que ta poupée ne peut rien faire de tout cela. T'en souviens-tu encore?

PAULINE.

Oui bien, maman.

Mme DE VERTEUIL.

Mais te souviens-tu aussi que nous observâmes en suite que les chiens, les chats, les oiseaux, pouvaient se mouvoir d'eux-mêmes; qu'ils pouvaient également voir, toucher, sentir, ouïr et goûter comme nous?

PAULINE.

Oh! je ne l'ai pas oublié.

Mme DE VERTEUIL.

Tu me demandas, à cette occasion, ce que tu avais donc de plus que le chat.

PAULINE.

Oui, je me le rappelle; et vous, de votre côté,

vous me promîtes de me l'apprendre. Je n'en suis pas moins curieuse aujourd'hui que l'autre jour.

Mme DE VERTEUIL.

Voyons si je pourrai venir à bout de te l'expliquer. Réponds-moi d'abord. Peux-tu faire quelque chose que le chat ne puisse pas faire?

PAULINE.

Oui, maman; je puis habiller ma poupée, et le chat ne saurait tout au plus que la déshabiller à coups de griffes, comme cela lui est arrivé plus d'une fois.

Mme DE VERTEUIL.

Est-ce là tout ce que tu peux faire de plus que lui?

PAULINE.

Non, maman, je puis jaser avec vous tout le long de la journée, et le chat n'a jamais un mot à vous dire.

Mme DE VERTEUIL.

Il est vrai : le chat ne saurait parler; mais ne te souviens-tu pas, ma fille, que nous vîmes l'autre jour chez ma sœur deux perroquets dont on venait de lui faire présent? Ces perroquets parlent à merveille; on les entend dire très-nettement : Gratte, gratte, Jacquot : As-tu déjeûné, Jacquot? et plusieurs autres phrases pareilles.

PAULINE.

Il est vrai, maman; mais ma tante m'assura que ni l'un ni l'autre perroquet ne savait dire que ce qu'on lui avait appris à force de le lui répéter; qu'il n'avait jamais que les mêmes paroles au bec, et qu'il donnait toujours la même réponse, quelque question qu'on s'avisât de lui faire, parce qu'il ne savait pas autre chose, et qu'il ne comprenait rien de ce qu'on lui disait.

Mme DE VERTEUIL.

Ma sœur avait raison ; hors deux ou trois choses auxquelles on a accoutumé un perroquet, comme tu as accoutumé ta chienne à venir lorsque tu l'appelles, il ne comprend pas une syllabe des discours qu'on lui tient. Mais toi, Pauline, tu entends ce qu'on te demande, tu y fais attention ; et, avant d'y répondre, tu réfléchis sur ce que tu dois dire. Lorsque tu as bien réfléchi, ta réponse convient à la question que l'on t'avait faite ; et alors on dit que tu as répondu raisonnablement, et qu'ainsi tu as de la raison.

PAULINE.

Oh ! j'entends, au lieu que le perroquet ne peut pas réfléchir sur ce qu'il doit répondre, parce que la raison lui manque.

Mme DE VERTEUIL.

Oui, Pauline, la raison ; voilà le mot : et c'est précisément ce que tu as de plus que le perroquet et le chat.

PAULINE.

Ainsi les animaux n'ont donc pas de raison du tout, maman.

Mme DE VERTEUIL.

Ils n'ont qu'une faible intelligence, que l'on appelle instinct, et qui ne s'étend guère au-delà de ce qu'ils doivent savoir pour veiller à la conservation de leur vie. Par exemple, lorsque tu cries : Minet, Minet, le chat t'entend, et il comprend que tu l'appelles pour lui donner du lait, ou quelque chose à manger ; alors il accourt vers toi, il relève sa queue, il te caresse pour que tu lui donnes ce qui lui est nécessaire pour continuer de vivre. De même lorsque tu dis : Va-t'en, il comprend encore que tu le tuerais peut-être s'il restait davantage, et il prend la fuite pour s'empêcher de mourir. Mais c'est là tout ; il ne peut rien comprendre de plus, quelque chose que tu lui dises, et il en est à peu près de même de tous les autres animaux. Au lieu que les hommes peuvent comprendre tout ce qu'on peut leur dire, et s'entretenir entre eux sur toutes sortes de sujets ; et c'est pour cela que les hommes seuls ont proprement de la raison.

PAULINE.

Voilà un grand avantage que nous avons sur les animaux.

Mme DE VERTEUIL.

Tu en sentiras encore mieux le prix lorsque ta raison sera plus exercée, c'est-à-dire, lorsque tu seras capable de réfléchir avec plus d'attention.

PAULINE.

Ah ! maman, aidez-moi à réfléchir, je vous en prie.

Mme DE VERTEUIL.

C'est le principal objet de tous nos entretiens ; mais continuons. Nous disions l'autre jour que les oiseaux ont une âme qui fait qu'ils sont vivans et animés, c'est-à-dire, qu'ils peuvent se mouvoir d'eux-mêmes, et qu'ils sont capables d'ouïr, de voir et de sentir. Avons-nous aussi une âme, Pauline, ou n'en avons-nous pas?

PAULINE.

Je n'en sait rien, maman, je n'en ai jamais vu.

Mme DE VERTEUIL.

Ni moi non plus; mais, ma fille, regarde-là bas ce rideau.

PAULINE.

Oh! maman, mon petit frère est sûrement là derrière avec Nanette et ma sœur, qui jouent à cache-cache pour l'amuser.

Mme DE VERTEUIL.

Et comment le sais-tu? tu ne les vois pas.

PAULINE.

Il est vrai, je ne les vois pas, maman; mais je pense qu'ils doivent être là derrière, parce que je vois remuer le rideau, comme cela arrive lorsqu'ils jouent à cache-cache.

Mme DE VERTEUIL.

Tu as raison; tu ne vois ni ton petit frère, ni Nanette, ni ta sœur; mais, au mouvement du rideau, tu peux juger qu'ils sont derrière. Eh bien! Pauline, il en est justement ainsi de nos âmes. Je ne vois point ton âme ni la mienne; mais je vois que tu vis, et que tu peux te mouvoir de toi-même. Or, nous avons vu l'autre jour, par l'exemple de l'oiseau mort, qu'un corps ne peut pas se mouvoir de lui-même lorsqu'il n'y a pas au dedans une âme qui lui donne le mouvement. Ainsi je puis maintenant juger, par le mouvement de ton corps, qu'il doit y avoir une âme qui le fasse mouvoir, quoique je ne voie pas ton âme elle-même, comme à présent tu juges que ton frère, ta sœur et Nanette sont derrière le rideau, quoique tu ne les voies pas, parce que tu vois remuer le rideau de la même manière que ton frère et ta sœur ont coutume de le faire lorsqu'ils jouent à cache-cache avec Nanettte.

PAULINE.

J'ai donc une âme, maman? Et qu'est-ce que mon âme, s'il vous plaît.

Mme DE VERTEUIL.

Je ne puis pas te le dire, ma fille, puisque je ne le sais pas moi-même. Je sais seulement qu'elle doit être tout autre chose que le corps ; car un corps, lorsqu'il n'y a pas une âme au dedans, ne peut pas du tout se mouvoir, comme tu l'as vu dans l'oiseau mort. Mais une âme peut bien se mouvoir elle-même; elle peut aussi mouvoir comme elle veut le corps qu'elle anime. Ainsi l'âme doit être tout autre chose que le corps, puisque l'âme seule a de l'action, et que le corps n'en a point sans son âme. Un oiseau, tant qu'il est vivant, c'est-à-dire, tant que son âme l'anime, peut voler et se reposer, manger, boire, chanter, et faire ce qu'il veut. Mais l'oiseau mort, parce que son âme ne l'anime plus, ne peut rien faire de cela ; et il reste sans mouvement, comme tu l'as vu l'autre jour.

PAULINE.

Il est vrai, maman, le pauvre oiseau ne remuait plus.

Mme DE VERTEUIL.

Et n'était-il pas aussi insensible qu'il était immobile ?

PAULINE.

Oh! sans doute; car nous l'avons piqué avec une épingle sans qu'il le sentît et qu'il en sût rien.

Mme DE VERTEUIL.

Cela venait de ce que son âme n'était plus en lui. Un corps ne peut rien sentir de lui-même, ni avoir connaissance de rien. C'est proprement l'âme qui sent et qui a connaissance de tout ce qui se passe autour d'elle. C'est elle qui donne aux animaux la faible intelligence dont ils sont susceptibles, et que l'on nomme instinct ; c'est elle qui donne aux hommes une intelligence supérieure que l'on nomme raison. Elle seule rend le corps vivant et capable de toucher, d'ouïr, de voir, de sentir, de goûter, de se mouvoir de soi-même, ou plutôt c'est elle qui touche par toutes ses parties, qui entend par ses oreilles, qui voit par ses yeux, qui sent par son nez, qui goûte par sa bouche, et qui le meut à son gré, soit tout entier, soit seulement dans tel de ses membres qu'il lui plaît; sans ton âme enfin, tu n'aurais pu ni comprendre ce que je viens de te dire, ni sentir combien cette intelligence te met au-dessus des animaux.

PAULINE.

Si c'est mon âme aussi qui fait que je vous aime, maman, que je dois rendre grâces au ciel de me l'avoir donnée !

~~~~~~~~~~~~~~~~~~~~~~~~~~~~~~~~~~

IMAGINATION.

Mme DE VERTEUIL, PAULINE, sa fille.

Mme DE VERTEUIL.

Regarde bien, Pauline, je vais ouvrir ce tiroir. Qu'y a-t-il dedans ?

PAULINE.

Un ruban blanc, avec des raies rouges et de petites fleurs entre les raies. Oh ! qu'il est joli !

Mme DE VERTEUIL.

Ferme à présent les yeux. Ne peux-tu pas encore te représenter ce qu'il y a dans le tiroir ?

PAULINE, *les yeux fermés.*

Pardonnez-moi, maman, un ruban blanc avec des raies rouges. C'est comme si je voyais encore les petites fleurs.

Mme DE VERTEUIL.

Tu vois ce ruban à peu près comme tu verrais dans le miroir ta poupée, si elle était placée derrière toi, en sorte que tu ne pusses la voir autrement.

Alors tu ne verrais pas la poupée elle-même, pas plus que tu ne vois à présent le ruban lui-même, tu verrais seulement dans le miroir une représentation ou une image de la poupée. Essayons. Ouvre les yeux; je vais mettre ta poupée derrière toi sur cette table. Peux-tu voir la poupée elle-même, en restant comme tu es, sans te retourner?

PAULINE.

Non, maman.

Mme DE VERTEUIL.

Je vais maintenant placer devant toi un miroir : jette-s-y les yeux.

PAULINE.

Maintenant je vois très-bien la poupée.

Mme DE VERTEUIL.

C'est-à-dire que tu vois dans le miroir la représentation ou l'image de la poupée. N'est-ce pas à peu près comme tu voyais tout à l'heure dans ta tête la représentation ou l'image du ruban blanc avec des raies rouges et de petites fleurs?

PAULINE.

Il est vrai, maman. Est-ce donc qu'il y a dans ma tête un miroir où je vois le ruban?

Mme DE VERTEUIL.

Non, ma fille; il n'y a pas de miroir dans ta tête, et voici qu'elle est la différence. Dans le miroir tu ne peux voir que les images des choses que tu lui présentes effectivement. Si tu veux te voir dans la glace, il faut te présenter devant elle. Si tu veux y voir ta poupée, il faut nécessairement que tu la lui présentes, n'est-il pas vrai?

PAULINE.

Oui, sans doute, maman.

Mme DE VERTEUIL.

Mais ton âme peut très-bien se représenter l'image des choses qui ne sont ni près de toi, ni devant toi, ni dans les environs. Par exemple, qui est-ce qui pend dans ta chambre contre le mur, entre la fenêtre et le lit?

PAULINE.

C'est votre portrait, maman, et celui de mon papa.

Mme DE VERTEUIL.

Tu peux te représenter ces portraits tout aussi bien que tu te représentais le ruban tout à l'heure.

PAULINE.

Oui bien, maman.

Mme DE VERTEUIL.

Et cependant ces portraits ne sont pas devant toi, mais dans une autre chambre. Allons encore plus loin. Qu'est-ce qui pendait à cet arbre sous lequel nous restâmes l'autre jour si long-temps à parler dans le jardin de ta grand'maman?

PAULINE.

C'étaient de belles pêches qui allaient bientôt mûrir.

Mme DE VERTEUIL.

Et comment étaient ces pêches?

PAULINE.

Elles étaient blanches; mais elles commençaient à prendre un bel incarnat.

Mme DE VERTEUIL.

Tu vois par là, Pauline, qu'il en est tout autrement de ton âme que du miroir. Le miroir ne peut représenter que ce qui est réellement devant lui, au lieu que ton âme peut se représenter tout ce qu'elle veut, quelque loin que l'objet puisse être de toi.

PAULINE.

Cela est vrai, maman.

Mme DE VERTEUIL.

Veux-tu, maintenant, que je te dise comment on appelle cette faculté qu'a notre âme de pouvoir se représenter ainsi les objets?

PAULINE.

Oui, maman, vous me ferez plaisir.

Mme DE VERTEUIL.

Cette faculté s'appelle imagination.

MÉMOIRE.

Mme DE VERTEUIL, PAULINE, sa fille.

Mme DE VERTEUIL.

Pourrais-tu me dire, Pauline, ce que tu fis hier chez ta tante ?

PAULINE.

Oui bien, maman ; nous allâmes, avant le dîner, visiter les pigeons, les poules, et la volière ; et l'après-midi, nous courûmes dans une jolie carriole tout le long du bosquet.

Mme DE VERTEUIL.

Pourrais-tu aussi me dire ce que tu fis la semaine dernière chez ta grand'maman, le jour que ton oncle et ta tante y étaient allés dîner ?

PAULINE.

Oh ! oui, maman. Nous fûmes nous promener sur la rivière dans un petit bateau. Oh ! ce fut un grand plaisir !

Mme DE VERTEUIL.

Fort bien ; Pauline, tu as retenu tout cela à merveille. Tu vois par là que ton âme a la facilité de pouvoir se représenter tout ce que tu as fait. Et qu'arrivera-t-il lorsque nous voguions dans le petit bateau, et qu'il nous fallut passer sous un pont?

PAULINE.

La poulie, où passait la corde qui tenait la voile, vint à tomber dans l'eau. Mon papa, mon oncle et mon cousin, la cherchèrent long-temps, mais ils ne purent pas la trouver; alors il fallut retourner vers la maison, parce qu'on ne pouvait plus hisser la voile.

Mme DE VERTEUIL.

Ton récit est fort exact. Voilà bien toutes les circonstances de cet accident. Tu vois encore par là, ma fille, que ton âme a la faculté de pouvoir se représenter tout ce qui s'est passé sous tes yeux, comme ce que tu as fait toi-même.

PAULINE.

Il est vrai, maman.

Mme DE VERTEUIL.

Et sais-tu comment s'appelle cette faculté de notre âme?

PAULINE.

N'est-ce pas, maman, ce qu'on nomme la mémoire?

Mme DE VERTEUIL.

Oui, Pauline.

PAULINE.

N'est-ce pas elle aussi qui fait que je me souviens de ce qu'on m'a dit ou de ce que j'ai lu?

Mme DE VERTEUIL.

C'est elle-même. Mais, Pauline, te rappelles-tu

tout ce qui se dit à la table de ta grand'maman? Te souviens-tu, par exemple, de ce que ta tante raconta au sujet d'un certain petit garçon?

PAULINE.

Non, maman, je ne m'en souviens plus.

Mme DE VERTEUIL.

Tu étais cependant présente lorsque ta tante fit ce récit; tu le compris même fort bien, puisque tu te mis à rire. Il y a mieux; c'est que, le soir, à ton retour, tu racontas cette histoire à Nanette. Elle était donc alors dans ta mémoire?

PAULINE.

Cela peut être, maman; mais à présent je ne m'en souviens plus du tout; il faut que je l'aie oubliée.

Mme DE VERTEUIL.

Essayons si je pourrais parvenir à rendre à ton âme la faculté de représenter cette histoire, comme elle l'avait le soir où tu racontas l'histoire à Nanette.

PAULINE.

Oh! voyons, voyons, maman!

Mme DE VERTEUIL.

Ta tante ne dit-elle pas que le petit garçon était allé se promener dans une prairie, et qu'il courait après les papillons. Pense-s-y bien; que lui arriva-t-il alors.

PAULINE.

Alors..... alors..... Oh! maman je me rappelle à présent le reste de l'histoire. Comme il ne regardait pas à ses pieds, il arriva au bord d'un fossé, et il roula jusqu'au fond. Son papa eut toutes les peines du monde à le retirer; il ne le reconnaissait plus sous le masque de boue qu'il avait sur le visage.

Mme DE VERTEUIL.

Voilà précisément toute l'histoire. Je n'ai pas eu de peine à remettre ton âme en état de se la représenter, parce qu'il n'y a pas long-temps que tu l'as entendue. Mais si dans quelques années je cherchais à te la rappeler, tu ne t'en souviendrais peut-être plus, ou je l'aurais oubliée moi-même.

PAULINE.

Cela peut être, maman; mais au moins suis-je bien sûre de n'oublier de ma vie la bonté que vous avez de m'instruire.

RAISONNEMENT, JUGEMENT.

Mme DE VERTEUIL, PAULINE, sa fille.

Mme DE VERTEUIL.

Pauline, saurais-tu bien me dire ce que c'est que la raison? Je te l'ai déjà expliqué.

PAULINE.

Oui, maman. C'est..... c'est..... Je ne puis pas bien l'expliquer, mais je le sens. Par exemple, j'ai de la raison, et les animaux n'en ont point.

Mme DE VERTEUIL.

Pour mieux te rappeler ce que l'on entend proprement par raison, je te dirai que tu montres de la raison, lorsque tu comprends bien ce que je te dis, et que tu réponds à propos. Tu montres aussi de la la raison, lorsque, dans toutes les occasions qui se présentent, tu réfléchis à ce que tu dois faire. Veux-tu que je t'en donne un exemple?

PAULINE.

Je le veux bien, maman.

Mme DE VERTEUIL.

Supposons que tu aies en ce moment la fantaisie de te promener dans la rue. La première chose que tu aies à faire est de descendre dans la rue, n'est-il pas vrai?

PAULINE.

Oh! il n'est rien de plus sûr.

Mme DE VERTEUIL.

Il faut donc commencer par réfléchir sur ce que tu dois faire pour aller dans la rue.

PAULINE.

Cela est juste encore.

Mme DE VERTEUIL.

Nous sommes ici près d'une fenêtre qui est ouverte, et qui donne sur la rue. Par cette fenêtre, il est aisé d'aller dans la rue, lorsqu'on le veut. Tiens, regarde : je vais y jeter ce morceau de papier, il y est déjà. On peut donc aller dans la rue en passant par la fenêtre, et il n'y a pas de chemin plus court.

LE LIVRE DE FAMILLE.

PAULINE.

J'en conviens.

Mme DE VERTEUIL.

Ce chemin n'est cependant pas le seul ; il en est encore un autre. Près de la porte de la chambre, il y a un escalier qui descend dans la cour ; puis, en traversant la cour, on arrive à la porte de la maison qui s'ouvre sur la rue. Laquelle de ces deux manières te paraît la meilleure ?

PAULINE.

Mais, maman, je ne puis pas aller par la fenêtre.

Mme DE VERTEUIL.

Pourquoi non, puisqu'elle est ouverte ? Tu pourrais y sauter toi-même, ou je pourrais t'y jeter, comme j'ai jeté tout à l'heure le chiffon de papier. Et certainement en prenant ce chemin, tu serais beaucoup plus promptement dans la rue, que si tu allais par l'escalier, la cour et la porte de la maison.

PAULINE.

Mais, maman, je tomberais, si vous me jetiez par la fenêtre.

Mme DE VERTEUIL.

Oui vraiment, Pauline ; il y a même à parier que tu te casserais la jambe. Alors tu serais bien dans la rue, mais tu ne pourrais pas t'y promener. Il faudrait te porter dans ton lit, où tu resterais couchée pendant six semaines, sans pouvoir remuer. Tu peux maintenant me dire lequel vaut le mieux, d'aller très-promptement dans la rue par la fenêtre, en te cassant une de tes jambes, ou d'y aller beaucoup plus lentement par l'escalier et par la cour, en conservant tous tes membres entiers?

PAULINE.

Il n'est pas difficile de choisir, maman, il vaut mieux prendre le chemin le plus long.

Mme DE VERTEUIL.

Et pourquoi, ma fille?

PAULINE.

C'est que si, pour arriver plus tôt dans la rue, il fallait me casser la jambe, que me servirait d'y être arrivée, puisque je ne pourrais pas m'y promener?

Mme DE VERTEUIL.

Ta réflexion est fort juste, Pauline. Mais sais-tu ce que nous venons de faire tout en causant?

PAULINE.

Non, maman; je l'ignore.

Mme DE VERTEUIL.

Nous avons fait usage de notre raison, pour rechercher quel était le meilleur moyen d'aller dans la rue, ou d'y sauter par la fenêtre, ou d'y descendre par l'escalier, et nous avons trouvé que le dernier moyen était le meilleur. Veux-tu que je dise comment nous y sommes parvenues.

PAULINE.

Cela me fera plaisir, maman.

Mme DE VERTEUIL.

Nous avons d'abord recherché quels sont les avantages et les inconvéniens de chacune de ces deux manières d'aller dans la rue, d'y sauter par la fenêtre, ou d'y descendre par l'escalier. Cette recherche nous a conduites à trouver que l'avantage de sauter par la fenêtre était que l'on arrivait beaucoup plus tôt dans la rue; mais que l'inconvénient attaché à ce moyen, était que l'on risquait de se casser la jambe. L'inconvénient, au contraire, de descendre dans la rue par l'escalier était que l'on restait plus long-temps en chemin; mais on y trouvait en revanche l'avantage que l'on ne courait pas le danger d'avoir une jambe cassée. N'est-ce pas, ma fille, ce qui s'est passé dans notre esprit?

PAULINE.

Oui, maman, j'en réponds pour le mien.

Mme DE VERTEUIL.

Après que nous avons eu trouvé ces avantages et ces inconvéniens, nous les avons comparés les uns avec les autres, et nous avons dit : Qui vaut le mieux d'arriver un peu plus vite dans la rue, et de nous casser la jambe, ou d'être un peu plus long-temps en chemin, et de conserver notre corps tout entier? Après cette comparaison, nous avons porté un jugement : c'est qu'il valait mieux rester plus long-temps en chemin, et qu'ainsi nous devions aller dans la rue, non par la fenêtre, mais par l'escalier et la cour. Comprends-tu cela ?

PAULINE.

Oui, maman.

Mme DE VERTEUIL.

Eh bien! ma fille, lorsqu'on examine ainsi dans une chose ses inconvéniens et ses avantages, et qu'on les compare ensemble, pour se décider sur le parti qu'il faut prendre, cette opération s'appelle raisonnement; et la conclusion qu'on en tire s'appelle jugement. Veux-tu que je te donne un autre exemple d'un raisonnement et d'un jugement?

PAULINE.

Oh! maman, vous me ferez grand plaisir.

Mme DE VERTEUIL.

Tu sais bien que les deux perroquets de ta tante disent certains mots à peu près comme des créatures humaines, de manière que l'on pourrait s'y méprendre?

PAULINE.

Oui, maman.

Mme DE VERTEUIL.

Supposé maintenant que nous soyons devant la salle à manger de ta tante, et que nous y entendions parler à travers la porte qui est fermée : comment penses-tu que nous devions faire pour juger, sans entrer dans cette pièce, si ce sont les perroquets qui parlent, ou si ce sont les deux servantes?

PAULINE.

Ne pourrions-nous pas les reconnaître à la voix?

Mme DE VERTEUIL.

Ce moyen ne serait pas infaillible, puisque nous sommes convenues tout à l'heure que les perroquets savent si bien imiter la voix humaine que l'on peut s'y méprendre.

PAULINE.

Il est vrai.

Mme DE VERTEUIL.

Il nous faut donc chercher un autre moyen plus sûr.

PAULINE.

Oh! voyons.

Mme DE VERTEUIL.

Cherche dans ta tête. Quel est celui que tu imaginerais, en supposant toujours qu'il nous soit interdit d'entrer dans la pièce où l'on parle?

PAULINE.

En vérité, maman, je n'en sais rien.

Mme DE VERTEUIL.

Et si nous écoutions ce que l'on dit? Tu sais que les perroquets, suivant ton expression, n'ont jamais que les mêmes paroles au bec.

PAULINE.

Oui, maman.

Mme DE VERTEUIL.

Ainsi donc, si nous prêtions l'oreille à ce que l'on dirait dans la salle à manger, et que nous entendissions constamment : Gratte, gratte, Jacquot? as-tu déjeûné, Jacquot? qui pourrions-nous soupçonner de dire ces paroles?

PAULINE.

Les perroquets, maman.

Mme DE VERTEUIL.

Tu as raison. Les perroquets peuvent dire ces paroles, et ils les disent continuellement. Il y a tout lieu de croire que les servantes ne s'occuperaient pas à se dire sans cesse l'une à l'autre : Gratte,

gratte, Jacquot : as-tu déjeûné, Jacquot? Car cel[a] n'est pas trop amusant, n'est-il pas vrai?

PAULINE.

Non certes, maman.

Mme DE VERTEUIL.

Mais si nous entendions dire : Marie, as-t[u] compté les couverts? — Non, Fanchette, je ne le compterai qu'après avoir plié la nappe : si nous entendions encore une suite de propos de ce genre concernant le ménage, pourrions-nous les attribue[r] de même aux perroquets?

PAULINE.

Non, maman. Il vaudrait mieux penser que c[e] sont les servantes qui parleraient ainsi.

Mme DE VERTEUIL.

C'est ce que nous penserions en effet; et nous aurions employé notre raison à faire un raisonnemen[t] et à porter un jugement, car nous aurions comparé ce que disent ordinairement les perroquets avec ce que les servantes peuvent se dire en faisant leu[r] ménage; et cette comparaison nous aurait conduites à juger, par la nature des discours, si ce sont les perroquets ou les servantes qui les auraient tenus.

PAULINE.

Je vous remercie, maman, de m'avoir appris l'usage de ma raison. Je m'en servirai pour raisonner, à moi seule, sur tout ce que je pourrai voir ou entendre; et je viendrai ensuite vous consulter sur le jugement que j'en aurai porté.

LIBERTÉ, VOLONTÉ.

MADAME DE VERTEUIL, PAULINE, sa fille.

PAULINE.

Maman, je viens de serrer proprement toutes mes petites affaires, comme vous me l'aviez ordonné. Il n'y a plus rien qui traîne dans ma chambre. Que vais-je faire à présent?

Mme DE VERTEUIL.

Tu peux aller travailler dans ton jardin, ou t'amuser à jouer avec ta grande poupée. Lequel de ces deux amusemens te plaît davantage? Je te laisse entièrement la liberté de choisir.

PAULINE.

Je crois, maman, que j'aurai plus de plaisir à jouer avec ma poupée.

Mme DE VERTEUIL.

A la bonne heure. Mais il y a long-temps, ce me semble, que tu n'as travaillé dans ton jardin. Je viens d'y jeter tout à l'heure un coup d'œil en passant, et j'ai cru voir qu'il y avait un quantité de mauvaises herbes. Les fleurs me paraissent aussi languir sur leurs tiges. Sûrement tu auras laissé passer quelques jours sans les arroser.

PAULINE.

Il est vrai, maman, vous m'en faites souvenir.

Mme DE VERTEUIL.

Les fleurs souffrent beaucoup de la chaleur et de la sécheresse. Ne serait-il pas à propos d'aller à leur secours?

PAULINE.

Oh! elles peuvent attendre encore, au lieu que ma poupée meurt d'envie d'essayer son tablier neuf. Il faut que je voie s'il lui va bien.

Mme DE VERTEUIL.

Tu es la maîtresse, comme je te l'ai dit, de satisfaire là-dessus ta fantaisie; mais je ne te demande qu'un moment de réflexion. Si tu laisses épuiser ton jardin par les mauvaises herbes, si tu négliges de l'arroser, les fleurs seront encore demain plus languissantes qu'elles ne les ont aujourd'hui. Demain au matin, tu le sais, nous partons de bonne heure pour aller passer la journée chez ta grand'maman; nous n'en reviendrons que dans la nuit. Mais si tes fleurs manquent d'eau pendant deux jours encore, elles seront peut-être après-demain dans un état si triste que toute l'eau du réservoir ne saurait plus les ranimer.

PAULINE.

Oh! ce serait bien dommage.

Mme DE VERTEUIL.

Et puis ton jardin restera dépouillé pendant six semaines, jusqu'au temps des fleurs de l'automne; car tu sais bien ce que ton papa vous a dit, en vous donnant à chacun un petit coin de terre : Celui qui négligera son jardin, et qui laissera périr ses fleurs, n'en aura plus de toute la saison.

PAULINE.

Il est vrai, maman.

Mme DE VERTEUIL.

Or, maintenant, qui vaut le mieux, à ton avis, ou d'avoir un moment de plaisir à jouer avec ta poupée, et d'éprouver ensuite pendant six semaines le chagrin de ne voir que de mauvaises herbes dans ton jardin, ou bien de laisser une heure ou deux ta poupée, avec laquelle tu peux jouer tous les jours, et d'aller travailler dans ton jardin, afin de jouir, pendant tout le reste de l'été, du plaisir de le voir orné des plus belles fleurs ?

PAULINE.

De la manière dont vous me présentez les choses, il me semble qu'il n'y a pas trop à balancer.

Mme DE VERTEUIL.

Je le crois aussi.

PAULINE.

Allons, mon parti est pris; je vais descendre tout de suite dans mon jardin.

Mme DE VERTEUIL.

Cela sera fort bien fait. Mais attends encore un moment, Pauline, il faut d'abord que tu remarques avec moi ce que nous venons de faire. Prête-moi toute ton attention.

PAULINE.

Voyons, maman, je vous écoute.

Mme DE VERTEUIL.

Ne venons-nous pas de raisonner sur ta poupée et sur ton jardin, comme nous raisonnâmes hier sur la fenêtre et sur l'escalier? N'avons-nous pas examiné les avantages et les inconvéniens de jouer avec ta poupée, ou d'aller travailler dans le jardin, pour trouver lequel des deux était le meilleur à faire.

PAULINE.

Il est vrai, maman ; je n'y pensais pas.

Mme DE VERTEUIL.

Et que viens-tu de faire en disant qu'il était mieux d'aller travailler dans ton jardin que de jouer avec ta poupée ?

PAULINE.

Je m'en souviens, maman ; c'est un jugement que j'ai porté.

Mme DE VERTEUIL.

A merveille, ma fille ; mais lorsque tu as dit ensuite : Allons, mon parti est pris, je vais descendre tout de suite dans mon jardin ?

PAULINE.

Vous ne m'avez pas encore appris, maman, comment cela s'appelle.

Mme DE VERTEUIL.

Je te le dirai tout à l'heure. Réponds-moi d'abord. N'est-ce pas de toi-même que tu t'es décidée à aller travailler dans ton jardin ?

PAULINE.

Oui, maman.

Mme DE VERTEUIL.

Quoique tu aies pris ce parti, parce qu'il te semblait le meilleur à suivre, n'étais-tu pas libre de donner à l'autre la préférence dans ton âme?

PAULINE.

Oui, maman; j'en étais la maîtresse.

Mme DE VERTEUIL.

Eh bien! Pauline, ce pouvoir qu'a notre âme de décider à son choix entre deux ou plusieurs partis à suivre, se nomme liberté; et l'opération par laquelle notre âme se décide à suivre l'un de préférence, se nomme volonté.

PAULINE.

Je vous remercie, maman, de cette petite instruction. Je tâcherai de la bien retenir.

Mme DE VERTEUIL.

Viens me donner un baiser, et ne perds pas un moment pour aller travailler dans ton jardin.

FABLE, CONTE, HISTOIRE.

Mme DE VERTEUIL, PAULINE, sa fille.

Mme DE VERTEUIL.

PAULINE, lorsque tu joues avec ta poupée ne t'arrive-t-il pas quelquefois de lui parler comme si tu étais sa gouvernante, et comme si elle pouvait entendre tes discours ?

PAULINE.

Oui, maman.

Mme DE VERTEUIL.

Et ne fais-tu pas ensuite comme si elle te répondait, et qu'elle refusât de suivre les sages instructions que tu lui donnes ? N'es-tu pas souvent venue me dire : Maman, la poupée crie et ne veut pas être sage, elle ne fait rien de ce que je lui dis; ou bien : La poupée est sage à présent; elle promet de ne plus crier ? Tu sais fort bien cependant que la poupée ne peut être ni sage ni méchante, et qu'elle ne peut ni crier ni te donner sa parole d'honneur.

PAULINE.

Il est vrai, maman; aussi est-ce pour badiner que je dis cela.

Mme DE VERTEUIL.

Je me mets quelquefois moi-même de la partie, et je dis à la poupée : Mon enfant, je vous prie d'être moins turbulente, vos criailleries rompent la tête à votre maman. Si vous continuez à faire du bruit, je serai obligée de vous mettre en pénitence dans ce coin. Une autre fois je lui dis : Ma chère enfant, ne cesserez-vous jamais d'être opiniâtre ? Votre devoir est d'être docile et soumise. Allons, il ne faut pas pleurer, mordre vos lèvres, et laisser tomber la tête sur votre épaule. Tu sens à merveille que, malgré les discours que je tiens à la poupée, je suis persuadée qu'elle n'entend ni ne peut rien faire de tout cela.

PAULINE.

Oh! sans doute, maman; et vous ne le faites que pour jouer avec moi.

Mme DE VERTEUIL.

C'est bien un de mes motifs, ma chère fille; mais j'en ai encore un autre plus sérieux. Ne le devines-tu pas?

PAULINE.

Non, maman.

Mme DE VERTEUIL.

C'est que je veux, tout en jouant, t'apprendre ce que tu dois faire et ce que tu dois éviter. Par exemple, lorsque je dis à la poupée que ses cris m'étourdissent, et que je la menace de la mettre en pénitence dans un coin, c'est pour amener dans ton esprit cette réflexion : Si je crie, je romprai la tête à maman, et je serai mise en pénitence.

PAULINE.

Voilà un fort bon moyen, en effet.

Mme DE VERTEUIL.

Et lorsque je dis au chat : Minet, fi! que c'est vilain d'être méchant! il ne faut pas égratigner parce qu'on vous a fait un peu de mal sans le vouloir en jouant avec vous; autrement personne ne voudrait plus jouer, et on vous laisserait bouder tout seul à l'écart comme un chat sauvage; tu sens bien que le chat n'entend pas mieux mon discours que la poupée.

PAULINE.

Oh! non, certes.

Mme DE VERTEUIL.

Mais pour quelle raison penses-tu que je dise cela au chat ?

PAULINE.

Je crois le deviner, maman; c'est pour m'apprendre, par ricochet, que je ne dois ni pincer, ni égratigner, ni battre, lorsque, par hasard, en jouant, on m'a un peu blessée; parce que je ne trouverais plus personne pour jouer avec moi.

Mme DE VERTEUIL.

Tu as fort bien deviné. Ainsi quand je dis ensuite : Minet devrait avoir bien du regret de s'être si mal comporté; il devrait demander pardon et promettre de n'être plus si méchant à l'avenir ; ce n'est pas que j'aie l'espérance de voir le chat profiter de cet avis, c'est pour t'apprendre indirectement, à toi-même, ce que tu devrais faire en pareille circonstance.

PAULINE.

Oh ! je sens bien la leçon, maman.

Mme DE VERTEUIL.

Lorsqu'on veut instruire, en jouant, les enfans et même les hommes sur ce qu'ils doivent faire ou éviter, on leur dit que dans telle occasion tels ou tels animaux ont agi de telle ou telle manière. On ne leur dit pas cela pour leur faire accroire que cela soit effectivement arrivé, parce que le plus souvent ce sont des choses que tout le monde sait bien que les bêtes ne peuvent pas faire, mais seulement pour leur montrer ce qui est bien ou mal, et quelles sont ordinairement les suites de telle ou telle action.

PAULINE.

Cela n'est pas mal imaginé, au moins.

Mme DE VERTEUIL.

Afin de rendre l'instruction plus claire et la leçon plus frappante, on a soin d'arranger son récit de façon qu'il arrive justement aux animaux ce qui arriverait aux enfans et aux hommes, s'ils agissaient de la même manière que l'on a fait agir les animaux. Ce récit ou cette narration, on l'appelle une fable. Veux-tu que je t'en donne un exemple?

PAULINE.

Vous me ferez grand plaisir, maman.

Mme DE VERTEUIL.

Pour te mettre en état de bien comprendre la fable que je vais te raconter, il faut d'abord te dire qu'il y a des pays où l'on rencontre dans les forêts des bêtes sauvages, tels que des loups, des tigres, des ours, des léopards et des lions.

PAULINE.

Oh! oui, maman; j'en ai déjà vu dans mes estampes.

Mme DE VERTEUIL.

Ces animaux sont formés en grand, justement comme tu les as vus représentés en petit. Ils mangent tous les autres animaux qu'ils peuvent attraper; c'est pour cela qu'on les appelle bêtes féroces ou animaux carnaciers. Ils attaquent même les plus grands animaux, comme les chevaux et les bœufs, quoiqu'ils soient de beaucoup plus petits.

PAULINE.

Comment viennent-ils donc à bout de les terrasser ?

Mme DE VERTEUIL.

C'est que, malgré leur petitesse, ils sont d'une force prodigieuse, qu'ils ont d'ailleurs plus d'agilité, et qu'ils sont sans cesse animés d'une fureur qui les porte à braver toute espèce de périls.

PAULINE.

Je ne voudrais pas en rencontrer dans mon chemin.

Mme DE VERTEUIL.

Je le crois; mais revenons. Pour faire voir aux hommes quel avantage ceux qui sont les plus faibles peuvent trouver à s'unir étroitement contre ceux qui sont les plus forts, et combien il leur importe pour cet effet de vivre toujours entre eux en bonne intelligence, voici la fable que l'on a imaginée.

PAULINE.

Oh! voyons, maman.

Mme DE VERTEUIL.

Écoute.

LES BOEUFS EN QUERELLE,

FABLE.

Dans un pays peuplé de bêtes féroces, il y avait plusieurs bœufs qui paissaient tranquillement au milieu d'une vaste prairie. Comme ils vivaient ensemble dans une parfaite union, et qu'ils étaient toujours prêts à se défendre mutuellement, aucune bête féroce n'osait les attaquer. Aussitôt qu'ils en voyaient une rôder au loin pour chercher à les surprendre, ils couraient tous les uns près des autres, et se rangeaient en cercle, la tête en dehors, menaçant l'ennemi commun de l'éventrer avec leurs cornes aiguës. Le cercle étant bien fermé de tous les côtés, aucun d'eux ne pouvait être attaqué par derrière : ce qui était le seul moyen de les vaincre.

Aussi long-temps qu'ils surent entretenir cette bonne intelligence, ils vécurent nombreux et tranquilles. Mais enfin, pour une vétille, ils en vinrent à une dispute sérieuse ; et, comme aucun d'eux ne voulut céder et reconnaître qu'il avait eu tort, ils s'accablèrent d'invectives, et finirent par s'en aller chacun de son côté.

Ils ne tardèrent pas à sentir les suites funestes de cette division. Lorsqu'il paraissait une bête féroce, ils ne couraient plus se ranger côte à côte dans un cercle bien serré pour se défendre réciproquement. Celui qui était attaqué le premier se voyait abandonné de tous ses camarades qui ne songeaient qu'à leurs affaires personnelles. Il y en eut plusieurs qui furent dévorés de cette manière en peu de jours.

Si du moins cet exemple avait rendu les autres plus sages et qu'il les eût engagés à se réunir, ils auraient encore été en état, malgré leur perte, de se défendre contre leurs ennemis. Au lieu de cela, leur querelle en devint plus vive que jamais. L'un reprochait à l'autre d'être la première cause de ses malheurs. Des reproches ils en vinrent à des coups de cornes sanglans. Le bruit du combat ayant attiré leurs ennemis hors de la forêt, ceux-ci profitèrent de la lassitude et de la faiblesse des combattans pour les égorger tous les uns après les autres, en sorte qu'il n'en resta pas un seul pour raconter du moins ce funeste événement à ses neveux.

Tu vois par là, Pauline, ce que c'est qu'une fable. De la manière que je t'ai raconté celle des bœufs, tu comprends fort bien qu'un pareil événement n'est point arrivé, et qu'il n'a même jamais pu arriver.

PAULINE.

Oh! oui, maman, je le crois.

Mme DE VERTEUIL.

Et sur quoi le penses-tu?

PAULINE.

C'est que les bœufs sont incapables de parler, et

par conséquent de se faire des réponses qui les conduisent à une querelle.

Mme DE VERTEUIL.

Très-bien, Pauline ; il y a cependant quelque chose de vrai dans mon récit.

PAULINE.

Quoi donc, maman ?

Mme DE VERTEUIL.

C'est, premièrement, qu'il y a des bêtes féroces qui attaquent les bœufs pour les dévorer. Secondement, c'est que les bœufs, se plaçant en cercle avec les cornes en dehors, peuvent très-bien se défendre contre leurs ennemis. Enfin, c'est que, s'ils ne se défendent pas mutuellement de cette manière ou d'une autre, ils sont hors d'état de résister aux bêtes féroces qui les attaquent séparément.

PAULINE.

Oui, maman, je conçois ces trois vérités.

Mme DE VERTEUIL.

Mais, comme tu l'as très-bien observé toi-même, que les bœufs puissent se dire des injures, et que ces injures les animent tellement les uns contre les autres, qu'ils refusent de se prêter mutuellement des secours contre l'ennemi commun lorsqu'ils en sont attaqués ; c'est ce qui n'est pas vrai. On a pu voir cela parmi les hommes, mais jamais parmi les animaux.

PAULINE.

Comment donc, maman, est-ce que cela peut arriver parmi les hommes ?

Mme DE VERTEUIL.

Hélas, oui, ma chère fille ; si ta raison était un peu plus avancée, tu verrais surtout en ce moment, que les hommes sont assez insensés, non-seulement pour se diviser entre eux lorsqu'ils devraient se réunir, mais encore pour combattre avec acharnement les uns contre les autres, quoiqu'ils soient enveloppés d'ennemis qui les menacent tous également. Il faut convenir que les bœufs n'ont jamais fait de pareilles folies.

PAULINE.

Mais, maman, vous m'avez pourtant dit que les hommes ont plus d'intelligence que les animaux.

Mme DE VERTEUIL.

Cela est vrai, Pauline ; mais, par malheur, les hommes oublient souvent leur intelligence pour se laisser emporter aux plus misérables passions, telles que l'avarice et la vanité. On a remarqué, au contraire, que les bêtes se servent toujours à propos de l'intelligence dont elle sont douées. C'est pour cette raison que l'on voit quelquefois les hommes agir d'une manière plus déraisonnable que les animaux eux-mêmes.

PAULINE.

En vérité, maman, il n'y a pas trop d'honneur pour nous dans tout cela.

Mme DE VERTEUIL.

J'en ai honte comme toi, Pauline ; et j'avoue que j'aurais peine à le croire si je n'en voyais tous les jours des exemples. Tu peux remarquer à ce sujet combien il est honteux de se laisser vaincre par ses passions, puisque par cette faiblesse on se met au-dessous des bêtes.

PAULINE.

Il me semble qu'après avoir fait une sottise, je ne pourrais plus regarder en face un bœuf sans rougir.

Mme DE VERTEUIL.

Revenons à notre fable, Pauline, tu dois te souvenir de ce que je te disais avant de te la raconter, qu'on l'avait imaginée pour montrer de quelle importance il est, surtout pour les faibles, de vivre dans une parfaite union, et dans une disposition constante à se secourir les uns les autres au milieu du danger. L'exemple des bœufs confirme cette vérité de la manière la plus manifeste, puisqu'ils ont mené une vie heureuse et tranquille aussi long-temps qu'ils ont vécu en bonne intelligence. Ils ont, au contraire, commencé à devenir la proie de leurs ennemis, aussitôt qu'ils sont entrés en querelle et qu'ils n'ont plus voulu se prêter des secours mutuels.

PAULINE.

Oui, maman, cela est bien prouvé.

Mme DE VERTEUIL.

Eh bien? ma fille, la même chose arriverait aux hommes s'ils ne voulaient pas se protéger réciproquement, et s'ils refusaient de se prendre tous par la main pour résister ensemble à ceux qui viendraient les attaquer. L'exemple des bœufs est donc bien imaginé pour donner cette leçon. C'est ainsi que l'on fait servir à l'instruction des hommes cette sorte de récit que l'on nomme fable.

PAULINE.

Il y a donc, maman, plusieurs sortes de ces récits.

Mme DE VERTEUIL.

Oui, ma fille, on en distingue trois : la fable, où l'on raconte ce qu'on sait bien n'être jamais arrivé et n'avoir même jamais pu arriver; le conte ou l'historiette, où l'on raconte ce qui a pu très-naturellement arriver en effet; enfin l'histoire où l'on raconte ce que l'on sait être véritablement arrivé de la manière qu'on le récite.

PAULINE.

Mais, maman, sans vous fâcher, voudriez-vous me permettre de vous faire une petite question?

Mme DE VERTEUIL.

Voyons, ma fille.

PAULINE.

Raconter ce que l'on sait bien n'être jamais arrivé et n'avoir même jamais pu arriver, n'est-ce pas dire un mensonge, puisque c'est dire ce qui n'est pas arrivé?

Mme DE VERTEUIL.

Si, en faisant son récit, on disait que l'aventure est véritablement arrivée de cette manière, quoique l'on sût qu'elle n'est pas arrivée en effet, ce serait assurément dire un mensonge. Mais lorsque l'on ne donne ce récit que pour ce qu'il est; lorsqu'on dit, par exemple : Je raconte ceci, non pour faire accroire que la chose soit effectivement arrivée, mais seulement comme une invention fabuleuse dont vous pouvez tirer un sens moral, c'est-à-dire, une instruction utile pour votre conduite : alors on ne dit pas un mensonge, puisque l'on ne veut tromper personne, car on prévient d'avance de ce qu'il faut penser sur ce qui est vrai et sur ce qui ne l'est pas.

PAULINE.

Bon, maman ; me voilà rassurée sur l'état de votre conscience au sujet de la fable que vous avez eu la bonté de me raconter ; je vois que vous ne vouliez pas me tromper.

Mme DE VERTEUIL.

Non, sans doute, ma fille ; et tu peux même te rappeler qu'en lisant ensemble les *Historiettes et Conversations pour les enfans*, que j'ai écrites pour ton usage, je t'ai dit plus d'une fois que ce n'étaient que des contes ou des inventions, c'est-à-dire des récits d'événemens qui n'étaient peut-être jamais arrivés, quoiqu'ils aient pu arriver naturellement ; qu'en te présentant des récits imaginaires d'enfans punis pour leur opiniâtreté, leur orgueil et leur gourmandise, je ne voulais que te faire voir les suites funestes de ces défauts pour t'engager à t'en préserver. J'ai arrangé ces récits de la manière la plus conforme à ce qui se passe tous les jours parmi les enfans. J'ignore, par exemple, s'il y a jamais eu une petite fille nommée Léonor, assez remplie de vanité pour croire qu'elle valait mieux que ses amies, pour imaginer que quelques agrémens dans sa personne ne pouvaient lui tenir lieu d'instruction et de talens, qui eut ensuite le malheur de perdre à la fois ses parens et sa fortune, de se voir rebutée par toutes ses anciennes compagnes qu'elle avait accablées de ses mépris, et d'être enfin reduite à devenir la servante de l'une d'entre elles. Ce que je sais bien, c'est que les ignorans et les orgueilleux sont toujours punis de cette manière ou d'une autre, et que, si tu voulais suivre l'exemple de Léonor, tu aurais tôt ou tard de justes sujets de t'en repentir. C'en est assez pour t'apprendre avec quel soin tu dois éviter tout ce qui pourrait te conduire à de pareils malheurs.

PAULINE.

Je sens fort bien toute la force de cette leçon, et j'espère qu'elle sera toujours présente à mon esprit.

Mme DE VERTEUIL.

Je le souhaite, ma fille; mais veux-tu que je te dise un conte pour te montrer, ainsi que par la fable des bœufs, combien il est utile aux hommes de se secourir mutuellement?

PAULINE.

O maman! quel plaisir!

Mme DE VERTEUIL.

Écoute, je vais te le dire, mais à condition que tu chercheras toi-même à découvrir dans ce conte ce qui le distingue d'une fable ou d'une histoire, suivant les différences que je viens d'établir tout à l'heure entre ces trois sortes de récits.

PAULINE.

Voyons, maman, si je serai assez habile pour cela; je vais vous prêter toute mon attention.

L'AVEUGLE ET LE BOITEUX.

CONTE.

Un pauvre homme qui avait perdu la vue depuis plusieurs années, allait un soir sur le grand chemin, en tâtonnant avec son bâton. Que je suis malheureux, s'écriait-il, d'avoir été obligé de laisser mon pauvre petit chien malade au logis! J'ai cru pouvoir me passer aujourd'hui de ce guide fidèle pour aller au village prochain. Ah! je sens mieux que jamais combien il m'est nécessaire! Voici la nuit qui s'approche; ce n'est pas que j'y voie mieux pendant le jour, mais au moins je pouvais rencontrer à chaque instant quelqu'un sur ma route pour me dire si j'étais dans le bon chemin au lieu qu'à présent je dois craindre de ne plus rencontrer personne. Je n'arriverai pas d'aujourd'hui à la ville, et mon pauvre petit chien m'attend pour souper. Ah! comme il va être chagrin de ne plus me voir!

A peine avait-il dit ces paroles, qu'il entendit quelqu'un se plaindre tout près de lui. Que je suis malheureux! disait-il, je viens de me démettre le pied dans cette ornière; il m'est impossible de l'appuyer à terre. Il faudra que je passe ici toute la nuit sur le chemin. Que vont penser mes pauvres parens.

Qui êtes-vous, s'écria l'aveugle, vous que j'entends pousser des plaintes si tristes?

Hélas! répondit le boiteux, je suis un pauvre jeune homme à qui il vient d'arriver un cruel accident. Je revenais tout seul de notre maison de campagne; je me suis démis le pied, et me voilà condamné à coucher dans la boue.

L'AVEUGLE.

J'en suis bien fâché, je vous assure; mais dites-moi, y a-t-il encore un reste de jour, et pourriez-vous voir sur le chemin?

LE BOITEUX.

Ah, si je pouvais marcher aussi bien que j'y vois, j'aurais bientôt tiré mes chers parens d'inquiétude.

L'AVEUGLE.

Ah! si je pouvais y voir aussi bien que je marche, j'aurais bientôt donné à souper mon chien.

LE BOITEUX.

Vous n'y voyez donc pas, mon cher ami?

L'AVEUGLE.

Hélas! non; je suis aveugle commme vous êtes boiteux. Nous voilà bien chanceux l'un et l'autre; je ne peux pas avancer plus que vous.

LE BOITEUX.

Avec quel plaisir je me serais chargé de vous conduire?

Prêtez-moi vos jambes, je vous prêterai mes yeux......

L'AVEUGLE.

Comme je me serais empressé d'aller vous chercher des hommes avec un brancard?

LE BOITEUX.

Écoutez, il me vient une idée. Il ne tient qu'à vous de nous tirer de peine tous les deux.

L'AVEUGLE.

Il ne tient qu'à moi? Voyons quelle est votre idée? J'y souscrits d'avance.

LE BOITEUX.

Les yeux vous manquent; à moi ce sont les jambes. Prêtez-moi vos jambes, je vous prêterai mes yeux, et nous voilà l'un et l'autre hors d'embarras.

L'AVEUGLE.

Comment arrangez-vous cela, s'il vous plait?

LE BOITEUX.

Je ne suis pas bien lourd, et vous me paraissez avoir de bonnes épaules.

L'AVEUGLE.

Elles sont assez bonnes, Dieu merci.

LE BOITEUX.

Eh bien! prenez-moi sur votre dos; vous me porterez, et moi je vous montrerai le chemin; de cette manière, nous aurons à nous deux tout ce qu'il faut pour arriver à la ville.

L'AVEUGLE.

Est-elle loin encore?

LE BOITEUX.

Non, non; je la vois d'ici.

L'AVEUGLE.

Vous la voyez? Hélas! Il y a dix ans que je ne l'ai vue; mais ne perdons pas un moment: votre intention me paraît fort bonne. Où êtes-vous? Attendez, je vais m'agenouiller comme un chameau; vous en grimperez plus aisément sur mes épaules.

LE BOITEUX.

Rangez-vous un peu à droite, je vous prie.

L'AVEUGLE.

Est-ce bien comme cela?

LE BOITEUX.

Encore un peu plus. Bon, je vais passer mes bras autour de votre cou. Vous pouvez maintenant vous relever.

L'AVEUGLE.

Me voilà debout. Vous ne pesez pas plus qu'un moineau. Marche.

Ils se mirent en route aussitôt: et, comme ils avaient en commun deux bonnes jambes et deux bons yeux, ils arrivèrent en moins d'un quart d'heure aux portes de la ville. L'aveugle porta ensuite le boiteux jusque chez ses parents; et ceux-ci après lui avoir témoigné leur reconnaissance, le firent conduire auprès de son petit chien.

C'est ainsi qu'en se prêtant un mutuel secours ces deux pauvres infirmes parvinrent à se tirer d'embarras; autrement ils auraient été obligés de passer toute la nuit sur le grand chemin. Il en est de même pour tous les hommes, ma chère Pauline. L'un a communément ce qui manque à l'autre; et ce que celui-ci ne peut faire, celui-là le fait. Ainsi, en s'assistant réciproquement, ils ne manquent de rien ; au lieu que, s'ils refusent de s'aider entre eux, ils finissent par en souffrir également les uns et les autres. Veux-tu que je t'en donne un exemple, pour te rendre la chose plus sensible ?

PAULINE.

Je le veux bien, maman.

Mme DE VERTEUIL.

Un cordonnier ne sait pas plus labourer la terre, qu'un laboureur ne sait faire des souliers.

PAULINE.

Il est vrai.

Mme DE VERTEUIL.

Si le laboureur ne voulait faire venir des grains que ce qu'il lui en faut tout juste pour sa nourriture, il n'aurait pas de quoi en vendre, et par conséquent il n'aurait pas d'argent pour acheter des souliers

PAULINE.

Cela me paraît clair.

Mme DE VERTEUIL.

De même, si le cordonnier ne voulait faire des souliers que pour lui seul, il ne gagnerait rien dans son métier, et par conséquent il n'aurait pas d'argent pour acheter du pain.

PAULINE.

Cela est vrai encore.

Mme DE VERTEUIL.

Mais si le laboureur fait venir autant de grain qu'il lui est possible au-delà de sa provision, si le cordonnier fait des souliers autant qu'on lui en demande au-delà de sa propre chaussure, ils peuvent se procurer, avec l'argent qu'ils retirent de leur travail, tout ce qui leur est nécessaire pour leurs autres besoins.

PAULINE.

Oh! je sens cela à merveille.

Mme DE VERTEUIL.

Il en est exactement de même pour tous les autres états de la société. Revenons à l'engagement que tu as pris, lorsque je t'ai fait ce récit, de chercher à découvrir ce qui le distingue de celui que je t'ai fait sur la querelle des bœufs.

PAULINE.

Cela n'est pas difficile, maman. La querelle des bœufs n'a jamais pu arriver de la manière que vous l'avez racontée; au lieu que l'aventure du boiteux et de l'aveugle aurait pu arriver juste dans tous ses points.

Mme DE VERTEUIL.

Tu as fort bien saisi la différence. Ce dernier récit n'est pas une fable, parce qu'il n'a rien d'impossible; cependant ce n'est pas une histoire, parce que j'ignore si l'événement est réellement arrivé.

PAULINE.

Oui, maman, ce n'est qu'un conte ou une historiette.

Mme DE VERTEUIL.

Si, en passant sur le chemin, j'avais entendu l'aveugle et le boiteux s'entretenir de la manière que je te l'ai dit, si je les avais rencontrés sur les épaules l'un de l'autre, alors mon récit serait une histoire, et je te le donnerais comme une chose véritablement arrivée, au lieu que je ne te le donne que comme une chose qui a pu arriver. Afin de ne tromper personne dans les diverses récits, il faut, pour l'histoire, raconter la chose justement comme elle s'est passée, sans y rien ajouter; et il faut donner la fable et le conte pour ce qu'ils sont en effet, c'est-à-dire, comme des inventions utiles et agréables, et non comme de véritables événemens.

BESOINS GÉNÉRAUX ET PARTICULIERS DES HOMMES.

M. DE VERTEUIL, ADRIEN, son fils.

ADRIEN.

Mon papa, je lisais hier un livre où il était question des besoins généraux et des besoins particuliers des hommes. Ce livre était sans doute écrit pour des gens que l'on supposait plus instruits que moi, car on n'y expliquait pas cette distinction que je n'ai pu saisir de moi-même. Voudriez-vous bien me la faire sentir, je vous prie?

M. DE VERTEUIL.

—Très-volontiers, mon ami. Les besoins généraux

sont ceux qui sont communs à tous les hommes. Ils portent sur des choses qui sont d'une nécessité indispensable à tout le monde. Les besoins particuliers, au contraire, portent seulement sur des choses qui sont nécessaires à certaines gens, et qui ne le sont pas à d'autres.

Pour te donner un exemple d'un besoin général, tous les hommes n'ont-ils pas un besoin égal de se nourrir?

ADRIEN.

Oui, très-certainement, mon papa.

M. DE VERTEUIL.

La nourriture est donc un besoin général, un besoin commun à tous les hommes. Mais quelles sont les choses dont un menuisier a besoin pour travailler.

ADRIEN.

Il lui faut du bois, une scie et un rabot.

M. DE VERTEUIL.

Et ces choses-là sont-elles nécessaires à un maçon?

ADRIEN.

Non, mon papa; il ne faut au maçon que de la chaux, du sable, une truelle, et des pierres.

M. DE VERTEUIL.

Eh bien, mon ami, la chaux, le sable, la truelle et les pierres, forment les besoins particuliers du maçon, comme le bois, la scie et le rabot, forment les besoins particuliers du menuisier. Les cordonniers, les tailleurs, les tisserands, les horlogers, les charrons, etc., ont aussi particulièrement besoin d'une infinité d'outils et de matériaux indispensables pour les ouvrages dont chacun d'eux est occupé. Ces besoins particuliers sont très-nombreux et très-divers, à raison du nombre infini de professions auxquelles les hommes s'adonnent, et de la variété des ouvrages que chacun d'eux fait dans son métier. Les besoins généraux, au contraire, ces besoins, communs à tous les hommes, sont bien plus simples, et d'un nombre bien moins étendu. On peut même les réduire à trois seulement; savoir : la nourriture, le vêtement et l'habitation.

ADRIEN.

Voudriez-vous bien m'expliquer cela plus en détail, mon papa?

M. DE VERTEUIL.

Avec plaisir, mon fils. Qu'un homme ne puisse vivre long-temps sans nourriture, c'est ce que tu éprouves toi-même tous les jours, lorsque la faim et la soif te prennent. Tu tomberais bientôt en défaillance si tu n'avais ni à manger ni à boire; n'est-il pas vrai?

ADRIEN.

Oui certes, mon papa, et je ne tarderais guère à mourir, pour peu que cela durât deux ou trois jours seulement.

M. DE VERTEUIL.

Et, si tu n'avais pas d'habit, pourrais-tu courir tout nu dans les rues?

ADRIEN.

Oh! non sans doute. La garde m'aurait bientôt arrêté, pour me revêtir des quatre murs d'une prison.

M. DE VERTEUIL.

Et si tu n'avais pas de logement, et qu'il te fallût coucher la nuit au coin d'une borne.

ADRIEN.

Je ne crois pas non plus qu'on m'y laissât dormir.

M. DE VERTEUIL.

La nourriture, le vêtement et l'habitation, sont donc trois choses qui sont absolument nécessaires pour tous les hommes qui vivent dans ce pays. Elles le sont même pour tous ceux qui sont répandus sur toutes les parties de la terre. Partout l'homme a besoin de soutenir ses forces par la nourriture, de se défendre par les vêtemens contre la rigueur des saisons, et de se ménager un abri pour goûter en paix le sommeil.

ADRIEN.

Oui, je conçois que nous sommes tous égaux sur ces trois points.

M. DE VERTEUIL.

Si tu réfléchis maintenant sur ce que nous faisons pour nous procurer la nourriture, le vêtement et l'habitation, tu verras que, quoique ces premiers besoins soient les mêmes pour tous les hommes, la manière dont chacun cherche à les satisfaire est très-variée.

ADRIEN.

Aidez-moi, je vous prie, mon papa, à trouver ces différences.

M. DE VERTEUIL.

Tu as bien vu à la campagne de quoi les paysans se nourrissent, de quelles étoffes ils s'habillent, et comment leurs maisons sont bâties?

ADRIEN.

Oui, mon papa.

M. DE VERTEUIL.

Compare leurs pois au lard avec les ragoûts qui couvrent nos tables, leurs camisoles de bure avec nos habits de soie, étincelans de paillettes d'or et d'argent, leurs chaumières étroites avec nos vastes hôtels; tu verras combien peu toutes ces choses se ressemblent; et cependant leur objet est exactement le même. Être nourris, vêtus et logés, est tout ce que nous avons en vue aussi bien que le paysan.

ADRIEN.

Oui, sans doute; mais nous y réussissons beaucoup mieux.

M. DE VERTEUIL.

C'est-à-dire que nous y mettons beaucoup plus de façons. Nous mangeons des choses beaucoup plus délicates, nous portons des habits plus riches, nous avons une demeure meublée plus élégamment. Mais si nous en sommes mieux pour cela, c'est un point qui n'est pas encore décidé.

ADRIEN.

Comment donc, mon papa?

M. DE VERTEUIL.

Ce que nous avons de plus que le paysan, nous donne, il est vrai, quelques plaisirs, mais ce n'est pas sans un mélange de peines. Songe combien ces jouissances demandent d'attention et d'apprêts. Nous pourrions aisément nous épargner tout cet embarras en vivant à la manière champêtre. On peut se rassasier avec des pommes de terre aussi bien qu'avec des pâtisseries; un habit de bure ou de serge est aussi commode qu'un habit de taffetas ou de velours; et il n'est pas rare de trouver le laboureur dans sa chaumière un peu plus joyeux que le prince dans son palais.

ADRIEN.

Sans compter, mon papa, que nos plaisirs coûtent beaucoup plus que les siens.

M. DE VERTEUIL.

Comme nous avons plus d'argent que lui, cela revient au même. Mais il y a ici une chose à remarquer. Le paysan est accoutumé à se contenter de si peu de chose, que, si par accident il perd sa petite fortune, il ne lui faut que son travail journalier pour gagner de quoi pourvoir à tous ses besoins. Mais nous, qui avons si peu l'habitude du travail de nos mains, il nous serait impossible, si nous perdions tout notre argent, d'en gagner jamais assez à la sueur de notre front pour recommencer à vivre selon notre manière accoutumée, et en cela nous serions infiniment plus à plaindre que le paysan. Le travail extraordinaire que nous serions obligés de nous imposer serait au-dessus de nos forces, au lieu que le paysan n'aurait à faire que le travail auquel ses forces sont exercées.

ADRIEN.

Je vois que, bien loin de gagner assez pour vivre dans notre aisance ordinaire, nous ne gagnerions pas même de quoi vivre comme lui.

M. DE VERTEUIL.

Il faudrait bien cependant nous condamner au même travail si nous ne voulions pas être exposés à périr de misère et de faim.

ADRIEN.

Hélas! il n'est que trop vrai.

M. DE VERTEUIL.

Ce n'est pas tout encore. Outre les revers qui menacent continuellement notre fortune, il arrive mille circonstances dans la vie où l'on ne peut, même à prix d'argent, se procurer mille choses friandes pour ses repas, un habit élégant et une demeure commode. Par exemple, dans un voyage, ta voiture peut se briser au milieu d'un mauvais chemin; tu peux être obligé de quitter tes habits percés par la pluie pour prendre ceux d'un paysan; tu peux être réduit à manger un morceau de lard avec un morceau pain bis, et à coucher dans une grange délabrée. Il est peu de voyageurs ou de gens de guerre à qui cela ne soit arrivé plus d'une fois. On ne peut donc mieux faire que de se préparer dès sa jeunesse à toutes les aventures. Avec cette habitude, on ne se trouve jamais embarrassé; et, pourvu qu'on ait de quoi pourvoir à ses premiers besoins, on ne s'inquiète guère sur la manière dont ils sont satisfaits.

ADRIEN.

Oui, mon papa, vous avez raison ; je vais commencer, dès ce jour même, à me passer des secours d'un autre pour me servir, et à me contenter de ce qui pourra suffire à mes plus pressantes nécessités. Je me trouverai ainsi fortifié d'avance contre tout ce qui pourra m'arriver de fâcheux; et, si je me trouve jamais dans un de ces événemens dont vous venez de parler, je n'en serai pas plus triste. Tout au contraire, je me souviendrai alors avec joie de l'entretien que nous venons d'avoir en ce moment,

LES AVANTAGES DE LA SOCIÉTÉ.

M. DE VERTEUIL, ADRIEN, son fils.

M. DE VERTEUIL.

Adrien, te rappelles-tu quels sont les besoins généraux des hommes.

ADRIEN.

Oui, mon papa, c'est la nourriture, le vêtement et l'habitation.

M. DE VERTEUIL.

Tu te souviens aussi que je t'ai fait remarquer qu'il est deux manières différentes de satisfaire ses besoins, avec beaucoup d'apprêts et de dépense, comme font les riches; simplement et avec peu d'embarras, comme font les gens de la campagne et les pauvres?

ADRIEN.

Je n'ai pas perdu un mot de ce que vous m'avez dit à ce sujet.

M. DE VERTEUIL.

Ce que je ne t'ai pas dit encore, c'est qu'avec quelque simplicité qu'un paysan puisse se nourrir, se vêtir et se loger, ces premiers besoins n'ont pas laissé de lui coûter des peines infinies à satisfaire.

ADRIEN.

Vous m'étonnez, mon papa; voyons cela par ordre, je vous prie. D'abord pour sa nourriture, il me semble qu'un morceau de pain et quelques légumes n'exigent pas de grands soins.

M. DE VERTEUIL.

Ne voudrais-tu pas y ajouter encore des fruits, du fromage, du beurre, et de temps en temps un verre de vin?

ADRIEN.

Oh! qu'à cela ne tienne, mon papa, je ne demande pas mieux que de le bien régaler.

M. DE VERTEUIL.

Malgré tes dispositions généreuses, il serait difficile de composer un repas plus simple. Tu n'imagines pas cependant combien de travaux il a coûtés.

ADRIEN.

Oh! voyons donc, je vous prie.

M. DE VERTEUIL.

Ne faut-il pas d'abord avoir labouré deux ou trois fois son champ avant d'y jeter du grain? ne faut-il pas avoir planté ses pommes de terre, semer ses raves et ses choux? ne faut-il pas avoir élevé, greffé, taillé ses arbres, et cultivé ses vignes? ne faut-il pas avoir fait paître et soigné ses vaches et ses brebis?

ADRIEN.

Voilà déjà bien du mal.

M. DE VERTEUIL.

Ce n'est encore que la première moitié de ses fatigues, car il faut ensuite cueillir ses fruits et ses légumes, moissonner son blé, le moudre et cuire la farine; vendanger ses raisins, les fouler et mettre le vin en tonneaux, travailler son lait pour en faire du beurre et du fromage. Vois déjà combien de bras avec les siens ont été mis en mouvement pour apprêter le repas le plus sobre. Tu n'as qu'à y ajouter une seule dragée, reste du repas du baptême de son dernier enfant, et voilà des vaisseaux et des flottes qui ont couru les mers, des milliers de nègres qui ont été réduits à l'esclavage, et jusqu'à des armées entières qui se sont égorgées pour sa table.

ADRIEN.

O mon papa! passons vite à son habillement; j'espère qu'il ne sera pas si meurtrier.

M. DE VERTEUIL.

Son habillement est fort simple ; mais, quoique ses chemises soient plus grossières que les nôtres, ses habits moins fins, ses souliers plus épais, il n'a fallu guère moins de peine pour tisser sa toile, fabriquer ses étoffes et tanner son cuir ; il a fallu, pour lui comme pour nous, cultiver le lin, élever des brebis et du gros bétail.

ADRIEN.

J'en demeure d'accord, mon papa.

M. DE VERTEUIL.

Quant à son habitation, il a fallu encore, pour lui comme pour nous, planter d'abord des forêts pour y trouver, après bien des années, du bois propre à faire des poutres, des solives et des planches. Il a fallu forger le fer, fondre le ver et broyer les couleurs ; et ce n'est qu'après ces immenses travaux que le fermier a pu habiter sa chaumière, quelque simple que tu la supposes.

ADRIEN.

Je n'avais pas pensé à tout cela.

M. DE VERTEUIL.

Tu vois combien il a fallu de choses pour que le paysan pût satisfaire ses premiers besoins, ces besoins généraux qui lui sont communs avec tous les hommes, mais toutes ces choses lui ont-elles été données pour rien ?

ADRIEN.

Non, mon papa ; il a été obligé de les payer de son argent.

M. DE VERTEUIL.

Et cet argent, comment l'a-t-il gagné?

ADRIEN.

Par son travail.

M. DE VERTEUIL.

Et quel est son travail?

ADRIEN.

De labourer la terre.

M. DE VERTEUIL.

Et pour son labourage, ne faut-il pas toutes sortes d'instrumens, comme des charrues, des herses, des bêches, des pelles, des faux?

ADRIEN.

Oui, sans doute.

M. DE VERTEUIL.

C'est en cela que consistent ses besoins particuliers, c'est-à-dire ce qui lui est nécessaire comme laboureur; et, comme tu le comprends sans peine, il lui faut encore beaucoup de travail pour se procurer l'argent nécessaire à l'acquisition de toutes ces choses.

ADRIEN.

Il est vrai; mais il les a maintenant, et le voilà pourvu de tout ce qu'il lui faut.

M. DE VERTEUIL.

J'en conviens; hélas! mais ce n'est pas pour longtemps.

ADRIEN.

Comment donc, je vous prie?

M. DE VERTEUIL.

Parce que toutes ces choses se brisent et se dégradent par l'usage. Or, pour les renouveler ou pour les entretenir seulement en bon état, il en coûte presque autant qu'il en avait coûté d'abord pour les acheter.

ADRIEN.

Je vais lui donner un moyen d'épargner son argent.

M. DE VERTEUIL.

C'est un grand service que tu peux lui rendre. Quel est ce moyen, s'il te plaît?

ADRIEN.

C'est de fabriquer lui-même et de raccommoder ses outils, de faire ses vêtemens, de bâtir et de réparer sa maison. De cette manière, il n'aura jamais besoin des secours que les autres lui font payer.

M. DE VERTEUIL.

Tu te trompes, mon cher ami, car il ne peut faire toutes ces choses sans les avoir apprises. Il faut donc qu'il les apprenne de ceux qui les savent, et qu'il les paie au moins pour leurs leçons.

ADRIEN.

Cela est juste.

M. DE VERTEUIL.

Mais quand il aurait appris tout cela, et qu'il serait même parvenu à le faire aussi bien que ses maîtres, ce qui est un peu difficile à imaginer, il serait encore bien embarrassé dans cette foule d'opérations. Plus il saurait de choses, moins il pourrait tirer parti de son savoir.

ADRIEN.

Comment cela, s'il vous plaît?

M. DE VERTEUIL.

C'est que s'il était seul à labourer sa terre, à recueillir ses légumes et son blé, à mener paître ses troupeaux, à faire cuire son pain, à coudre ses vêtemens, à réparer sa maison, à forger ses outils, il ne saurait guère par où commencer, et il ne trouverait jamais assez de temps pour des occupations aussi nombreuses.

ADRIEN.

En effet, je commence à le craindre.

M. DE VERTEUIL.

D'ailleurs, ne peut-il pas arriver, tandis qu'il est au plus fort de sa moisson ou de sa vendange, que ses habits se déchirent, que ses outils se brisent, ou qu'un ouragan emporte son toit?

ADRIEN.

Hélas! oui.

M. DE VERTEUIL.

Il faudra donc alors qu'il suspende sa récolte et laisse perdre son blé ou son vin, ou qu'il aille sans vêtemens, ou qu'il dorme dans une maison ouverte de tous côtés à la pluie, ou qu'il travaille avec un outil brisé, ce qui n'avancerait pas certainement sa besogne.

ADRIEN.

Vous avez raison, mon papa; je retire le conseil

que je voulais lui donner. Il ne vaut pas grand'chose.

M. DE VERTEUIL.

Tu me sauves la peine de t'en dire mon opinion. Tu vois par là, mon ami, qu'un homme qui voudrait agir sans le secours des autres, et se procurer par ses seuls moyens tout ce qui lui est nécessaire, serait fort embarrassé, et qu'il ne pourrait même en venir à bout.

ADRIEN.

Oui, mon papa, j'en conviens pleinement.

M. DE VERTEUIL.

Nous verrons comment il devrait s'y prendre dans une pareille circonstance.

Ce paysan, frappé de tous les embarras qu'il éprouve, en voulant se passer des secours d'autrui, en vient tôt ou tard à faire cette réflexion : Nous sommes ici beaucoup d'hommes rassemblés; nous n'avons qu'à nous aider mutuellement, et la peine en sera plus légère pour tout le monde. Il court aussitôt rassembler ses voisins, et leur dit : Mes amis, je ne m'entends pas mal, comme vous le savez, à cultiver la terre. Je ferai venir du grain pour vous tous, à condition que l'un de vous me cuise du pain, qu'un autre me fasse mes vêtemens, que celui-ci forge mes outils, que celui-là répare ma maison quand elle menace ruine. Ce que chacun de vous fera pour moi, il pourra le faire aussi pour tous les autres. Ainsi chacun n'aura besoin d'apprendre qu'un seul métier, il n'aura qu'une sorte d'ouvrage à faire, et il pourra s'en occuper constamment sans être détourné par d'autres travaux étrangers à son industrie. Voyez, consultez-vous.

ADRIEN.

Oh! je crois deviner leur réponse.

M. DE VERTEUIL.

En effet, une proposition aussi raisonnable ne peut manquer de réunir tous les suffrages. Tous s'écrient ensemble : Oui, oui; il faut nous aider les uns les autres, et nous partager les différens travaux comme notre voisin le laboureur vient de nous le proposer. Chaque chose en ira beaucoup mieux et se fera plus commodément pour tout le monde.

ADRIEN.

Ah! je suis bien charmé de leur voir prendre ce parti.

M. DE VERTEUIL.

Ils ne tardèrent pas long-temps à en ressentir les avantages. Si l'habit du laboureur vient à se déchirer tandis qu'il est occupé à faire sa moisson, il n'a besoin que de passer chez le tailleur, et celui-ci lui raccommode son habit, ou lui en fait un tout neuf, tandis que le laboureur continue de cultiver son blé. De même encore s'il survient un orage qui endommage le toit de sa maison, il fait venir le couvreur qui répare cet accident sans qu'il ait besoin de suspendre le travail pressant de sa récolte. De leur côté, le tailleur et le couvreur ne sont pas obligés de quitter leur ouvrage pour aller cultiver la terre et faire venir le blé dont ils ont besoin pour nourrir leur famille, parce qu'ils savent que leur voisin le laboureur se charge de ce soin, tandis qu'ils sont occupés de son toit et de son habit.

ADRIEN.

Voilà qui s'arrange à merveille pour chacun en particulier.

M. DE VERTEUIL.

Ajoute à cela que tous les ouvrages sont beaucoup mieux faits, parce que chacun n'ayant besoin d'apprendre qu'un seul métier, et s'y adonnant entièrement, il en prend une connaissance plus étendue et l'exerce avec une bien plus grande facilité; au lieu que l'on ne fait jamais ni si parfaitement ni si vite une chose dont on ne s'occupe que par intervalles, et qui est confondue avec d'autres travaux. Tu vois par là que tout le monde gagne à cet arrangement, puisque l'un fait plus d'ouvrage, et que les autres le reçoivent mieux conditionné.

ADRIEN.

Il n'y a pas le moindre mot à dire contre cette disposition.

M. DE VERTEUIL.

Tu comprends bien maintenant, mon fils, que, lorsque les hommes se sont ainsi partagé leurs travaux, celui qui ne sait faire venir que du grain, celui qui ne sait faire que des habits, ont nécessairement besoin que l'un consomme les fruits du travail de l'autre.

ADRIEN.

Oh! sans doute, mon papa. Car si le tailleur ne mangeait pas les grains du paysan, et que celui-ci ne fît pas faire d'habit au tailleur, le métier ne serait bon pour aucun des deux.

M. DE VERTEUIL.

Ta remarque est extrêmement juste.

ADRIEN.

Heureusement ils ont un bon parti à prendre; et je puis leur en faire la leçon par mon exemple. Lorsque j'ai fait un grand nombre de dessins, j'en troque une partie avec mes sœurs, contre une bourse ou des jarretières de leur façon. Ainsi le paysan et le tailleur peuvent troquer ensemble comme nous.

M. DE VERTEUIL.

C'est ce qu'ils feraient effectivement, si l'on n'avait imaginé une chose encore plus commode, et que je t'expliquerai dans un autre entretien. J'ai maintenant, mon fils, une question à te faire qui tient plus étroitement au sujet de notre conversation.

ADRIEN.

Voyons, mon papa, si je serai en état de vous répondre.

M. DE VERTEUIL.

Lequel des deux genres de vie te paraît le plus agréable pour les hommes : de se mêler quelquefois ensemble pour se communiquer leurs pensées et leurs sentimens, ou de rester toujours solitaires sans former aucune liaison les uns avec les autres?

ADRIEN.

Si j'en juge d'après moi-même, j'aurais bientôt

décidé. Je me plais souvent à me voir seul pour en être plus appliqué à mes études; mais je ne voudrais pas que cette retraite durât toute la journée; et, lorsque j'ai fini mes devoirs, j'aime à me retrouver avec mon petit frère, avec mes sœurs et mes amis.

M. DE VERTEUIL.

Tu as bien raison, car vous pouvez alors jouer les uns avec les autres, ou aller vous promener de compagnie, ou travailler ensemble dans le jardin. Mais s'il vous fallait toujours prendre séparément vos plaisirs, comme vous prenez vos leçons, je conçois que vous en seriez bientôt dégoûtés.

ADRIEN.

Oh! c'est bien vrai, mon papa.

M. DE VERTEUIL.

Il en est exactement de même pour les hommes. Nous venons de voir qu'ils trouvent beaucoup d'avantages à travailler de concert pour leurs besoins mutuels. Ils trouvent aussi, comme toi, une jouissance plus douce à prendre ensemble leur récréation et leurs plaisirs.

ADRIEN.

La preuve en est qu'on n'a jamais vu rire quelqu'un lorsqu'il est seul.

M. DE VERTEUIL.

Ce penchant qui porte les hommes à se rechercher pour vivre les uns avec les autres, pour goûter leurs amusemens en commun, pour se partager entre eux leurs travaux, se nomme sociabilité ; et l'assemblage des hommes qui se réunissent dans cet objet, se nomme société. En recueillant tout ce que nous avons dit jusqu'à présent dans cet entretien, tu peux juger combien ce sentiment de sociabilité est un don précieux pour les hommes, et combien l'établissement des sociétés leur est avantageux. Par là ils sont tous en état, non-seulement de se procurer les uns les autres ce qu'il leur faut pour satisfaire aux besoins ordinaires de la vie, par un travail plus facile et plus parfait, mais encore, dans les intervalles de leurs occupations, ils peuvent se délasser de la manière la plus agréable, et goûter ensemble mille sensations délicieuses auxquelles ils deviennent plus sensibles en les partageant. Celui qui voudrait vivre à l'écart et travailler seul pour lui-même, pourrait à peine se construire une mauvaise cabane, où il serait bientôt réduit à périr de tristesse et d'ennui ; tandis que les hommes, en se réunissant, bâtissent des villes magnifiques où ils vivent ensemble au milieu de l'abondance et des plaisirs. Le sauvage, errant au hasard dans les forêts, est obligé de se contenter pour sa nourriture de fruits agrestes, d'écorces et de racines : il n'a, pour se garantir de la fraîcheur humide des nuits et des glaces de l'hiver, que la peau de quelque bête féroce dont il ne sait pas même se revêtir. L'homme civilisé, au contraire, force la nature à lui fournir les fruits les plus abondans et les alimens les plus sains, qu'il sait préparer de la manière la plus flatteuse pour son goût. Il se fabrique des étoffes chaudes, légères et moelleuses, qu'il sait varier pour toutes les températures et toutes les saisons. Que serait-ce encore si je te parlais de tous les arts agréables que la société seule a su lui faire inventer, pour charmer ses sens et pour amuser son imagination, de ces nobles connaissances qui fortifient sa raison, élèvent son âme, agrandissent son génie, lui font parcourir, en un instant de la pensée la terre, les mers et les cieux, et remplir, en quelque sorte, de lui-même toute l'immensité de l'univers?

MONNAIE, COMMERCE, MARCHAND.

M. DE VERTEUIL, ADRIEN, son fils.

M. DE VERTEUIL.

Dans l'entretien que nous eûmes l'autre jour, mon cher Adrien, nous demeurâmes bien convaincus par nos réflexions, que nul homme n'est en état de faire seul toutes les choses qui lui sont nécessaires pour remplir ses besoins; qu'il faut en conséquence que celui-ci se charge d'une partie et celui-là d'une autre, afin qu'ils puissent tous se procurer de la manière la plus commode, la plus sûre et la plus abondante, toutes leurs nécessités. T'en souviens-tu encore?

ADRIEN.

Oh! oui, mon papa, je n'ai eu garde de l'oublier.

M. DE VERTEUIL.

Nous vîmes ensuite que, pour que chacun pût vivre de son état, il fallait que tous eussent besoin mutuellement du fruit de leurs travaux; le tailleur, par exemple, des grains du paysan; le paysan, à son tour, des habits du tailleur, et ainsi des autres.

ADRIEN.

Je me le rappelle aussi. Je voulais même qu'ils troquassent ensemble, comme je troque de mes ouvrages avec ceux de mes sœurs.

M. DE VERTEUIL.

Il est vrai; et je te dis à cette occasion que les hommes avaient imaginé un moyen encore plus commode. Je promis de te faire connaître ce moyen. Veux-tu que je m'acquitte en ce moment de ma promesse?

ADRIEN.

Je ne demande pas mieux, mon papa.

M. DE VERTEUIL.

Eh bien, prête-moi toute ton attention.

ADRIEN.

Oh! oui, je vous le promets.

M. DE VERTEUIL.

Dans l'enfance des sociétés, les hommes ont commencé par faire ce que vous faites vous-mêmes, toi et tes sœurs, dans votre enfance, c'est-à-dire par faire ensemble des échanges, pour se procurer mutuellement ce qui leur manquait. Celui, par exemple, qui possédait plus de moutons qu'il ne lui en fallait pour son usage, mais qui en revanche n'avait pas assez de grain, était obligé d'aller de tous côtés chercher quelqu'un qui eût du grain de reste, et de lui demander s'il voulait lui en donner un sac pour un ou deux moutons.

ADRIEN.

Voilà précisément ce que je fais, lorsque j'ai quelques dessins de trop, et qu'il me manque une bourse ou des jarretières.

M. DE VERTEUIL.

Si l'homme au grain était content de cette proposition, il donnait de son blé, recevait un ou deux moutons en échange, et l'affaire était ainsi terminée.

ADRIEN.

Je ne vois guère, mon papa, ce que l'on peut imaginer de plus simple et de plus commode.

M. DE VERTEUIL.

Oui, sans doute, lorsque les choses s'arrangeaient ainsi; mais il pouvait arriver que celui qui avait trop de grain eût assez de moutons, ou qu'il ne se souciât pas d'en avoir.

ADRIEN.

C'est ce que je n'avais pas prévu.

M. DE VERTEUIL.

Alors il fallait que l'homme aux moutons allât s'adresser successivement à d'autres personnes, jusqu'à ce qu'enfin il en trouvât une qui eût trop de grain, et qui voulût justement échanger contre des moutons ce superflu.

ADRIEN.

Cela commence à devenir embarrassant.

M. DE VERTEUIL.

Tous ces échanges, comme tu le vois, coûtaient beaucoup de soins et de peines. Ils ne pouvaient même quelquefois s'effectuer, soit parce que l'on ne s'accordait pas sur la mesure de blé qui pouvait répondre à la valeur d'un mouton, soit parce qu'il s'élevait encore de plus grandes difficultés, lorsqu'il était question d'échanges d'une autre nature, comme par exemple du troc de quelques services, ou de quelques journées de travail, contre un agneau ou un instrument de labourage.

ADRIEN.

Je vois là bien du temps perdu, et peut-être que même la chicane va s'en mêler.

M. DE VERTEUIL.

C'est ce qui fit concevoir l'idée de chercher quelque moyen qui pût abréger les négociations, et rendre les affaires plus aisées à conclure.

ADRIEN.

Et comment les hommes trouvèrent-ils ce moyen, mon papa ?

M. DE VERTEUIL.

Après avoir fait sans doute un nombre infini d'opérations très-compliquées, ils en vinrent enfin à cette idée bien simple : Nous n'avons qu'à trouver une chose qui puisse être le signe représentatif de toutes les valeurs.

ADRIEN.

Je n'entends pas bien cela, mon papa.

M. DE VERTEUIL.

Tu le comprendras plus aisément, lorsque je t'aurai dit quelle est cette chose.

ADRIEN.

Et quelle est-elle donc, je vous prie?

M. DE VERTEUIL.

C'est la monnaie, c'est-à-dire les petites pièces d'or, d'argent et de cuivre, sur lesquelles on empreint dans chaque état monarchique le nom, la figure et les armoiries du roi, et dans d'autres pays les armoiries seulement, accompagnées d'une inscription, ou d'une marque quelconque.

ADRIEN.

Ah! je commence à comprendre.

M. DE VERTEUIL.

Tu connais toutes les pièces de monnaie qui ont cours en France, les pièces d'or de vingt francs, les pièces de cinq francs, les pièces de quarante sous et de dix sous ou cinquante centimes, les pièces de cinq sous ou vingt-cinq centimes, les pièces de dix centimes ou deux sous, celles de cinq centimes ou d'un sou, et les centimes ou liards? Tu sais aussi quelle est la valeur de chacune de ces pièces à l'égard des autres? Tu sais, par exemple, que six pièces de dix sous valent autant que trois francs.

ADRIEN.

Oh! oui! mon papa, je sais tout cela à merveille. C'est que je ne comprends pas bien encore, comment cette monnaie est le signe représentatif de toutes les valeurs.

M. DE VERTEUIL.

Te souviens-tu que, lorsque nous entrâmes hier dans une boutique pour t'acheter des gants, et que nous en demandâmes le prix, la marchande nous dit : Je les vends vingt sous, messieurs; c'est un prix fait comme des petits pâtés.

ADRIEN.

Oui, mon papa, je me le rappelle.

M. DE VERTEUIL.

Tu vois donc, mon ami, qu'une pièce de vingt sous est le signe représentatif de la valeur de chaque paire de gants de la même grandeur et de la même qualité que les tiens, puisque tu peux en avoir autant de paires que tu voudras pour autant de pièces de vingt sous.

ADRIEN.

Oui, mon papa, je conçois à présent. De la même manière un gros sous est le signe représentatif de la valeur de chaque petit pâté.

M. DE VERTEUIL.

A merveille, mon fils. Tu peux déjà voir en ceci même un des avantages de l'invention de la monnaie. Car supposons qu'un pâtissier voulût avoir des gants pour un de ses fils qui serait de ta taille, et qu'il ne voulût pas débourser d'argent, il pourrait aller chez la gantière et lui dire : J'ai besoin pour mon fils d'une paire de gants de vingt sous; voulez-vous me la donner pour ces vingt petits pâtés d'un sou que je vous apporte ? Il ne serait plus question que de savoir si la gantière est assez friande de petits pâtés pour accepter cet échange ; car le prix de chacun des objets étant bien déterminé par le moyen du signe représentatif de leur valeur, il ne pourrait y avoir de difficulté sur ce point.

ADRIEN.

Oui, cela est vrai, mon papa. C'est comme si le pâtissier avait dit à la gantière : Achetez-moi ces vingt petits pâtés, et je vous achèterai une paire de gants. Cela est convenu, n'est-ce pas? Or, maintenant.....

M. DE VERTEUIL.

A merveille, Adrien; poursuis.

ADRIEN.

En achetant mes vingt petits pâtés qui coûtent un sou la pièce, vous devriez me donner une pièce de vingt sous, en achetant vos gants qui sont du même prix ; il faudrait que je vous rendisse votre pièce. Il n'est donc pas nécessaire de mettre la main à la poche. Voilà mes petits pâtés, donnez-moi vos gants.

M. DE VERTEUIL.

C'est on ne peut mieux, mon cher fils. Tu vois par là que la monnaie est le signe représentatif de la valeur de toutes choses, puisque l'on estime leur valeur d'après la quantité de monnaie qu'il faudrait donner pour les avoir.

ADRIEN.

Il n'est rien de si clair. Mais, mon papa, quels sont les autres avantages de l'invention de la monnaie?

M. DE VERTEUIL.

Je vais te les dire, mon fils. Si j'avais besoin d'une

mesure de blé, d'une pièce de vin, ou d'un sac de laine, et qu'il n'y eût pas de monnaie, alors, comme nous le disions au commencement de cet entretien, je serais d'abord obligé de voir, parmi les choses dont je puis me passer, si j'aurais de quoi me procurer en troc les choses qui me manquent. Il me faudrait ensuite courir de côté et d'autre pour trouver une personne à qui le troc pût convenir, et enfin m'accorder avec elle sur les conditions de l'échange, ce qui entraîne, comme tu en es convenu, beaucoup d'embarras et de difficultés.

ADRIEN.

Il est vrai.

M. DE VERTEUIL.

Mais, depuis l'invention de la monnaie, je n'ai plus besoin de me donner tant de peine. Je n'ai qu'à vendre les objets que j'ai de trop et que j'aurais proposés en échange; avec cet argent je suis sûr d'avoir, quand je le voudrai, les choses que je désire, parce que les marchands de blé, de vin ou de laine, aimeront mieux, par la même raison, avoir de l'argent, que tout ce que j'aurais pu leur donner en troc, parce qu'ils sont sûrs d'avoir à leur tour, pour l'argent que je leur donnerai de ce que je leur achète, toutes les autres choses qu'ils voudront eux-mes acheter.

ADRIEN.

Cela me paraît clair.

M. DE VERTEUIL.

C'est aussi par une suite de l'invention de la monnaie, qu'il s'est établi dans toutes les villes et dans tous les villages des magasins et des boutiques où l'on peut trouver, pour de l'argent, toutes les choses diverses que l'on désire, sans avoir besoin d'aller courir en mille endroits pour se les procurer. Ainsi, par exemple, moi qui demeure à la ville, je ne suis pas obligé de traverser les campagnes pour aller acheter du blé chez le laboureur, du vin chez le vigneron, et de la laine chez le berger. Je trouve ici à ma porte des marchands qui ont une grande provision de blé, de vin ou de laine, et qui me le cède pour mon argent, au moment précis où je veux les avoir, et de la qualité que je les désire.

ADRIEN.

Mais, dites-moi, je vous prie, comment les marchands gagnent-ils à cela ? Je conçois sans peine que les gens de la campagne trouvent du profit à vendre le blé qu'ils ont moissonné, le vin qu'ils ont tiré de leurs vendanges, la laine qu'ils ont coupée sur le dos des moutons élevés dans leurs bergeries ; mais les marchands qui vendent du blé, du vin et de la laine, ne les ont pas recueillis eux-mêmes.

M. DE VERTEUIL.

Non, sans doute ; mais ils sont allés acheter ces denrées chez les paysans, et ils les revendent aux gens de la ville un peu plus cher qu'elles ne leur ont coûté. Ce surplus fait leur juste profit, car il faut bien qu'ils soient payés de la peine qu'ils ont prise de courir pour faire leurs emplettes, du soin qu'ils prennent de ces marchandises dans leurs magasins, et de l'embarras qu'ils ont de les détailler quelquefois par de très-petites portions. Tout cela les occupe tellement, qu'ils n'ont pas le temps de travailler de leurs mains pour gagner de quoi vivre; et c'est par le seul gain qu'ils font sur cette vente, qu'ils sont en état de soutenir les dépenses de leur maison, et d'élever leurs enfans.

ADRIEN.

Mais, mon papa, ne puis-je pas aller moi-même chez les gens de la campagne acheter le blé, le vin et la laine dont j'ai besoin pour mon usage, comme le marchand va les acheter pour les revendre?

M. DE VERTEUIL.

Oui, vraiment, rien ne t'en empêche.

ADRIEN.

Alors je n'aurai plus besoin de passer par ses mains.

M. DE VERTEUIL.

Il est vrai.

ADRIEN.

Ainsi j'aurai les choses à meilleur marché, puisque je ne les payerai pas plus que lui.

M. DE VERTEUIL.

Oh! voilà où je t'arrête.

ADRIEN.

Et comment, s'il vous plaît?

M. DE VERTEUIL.

Tu dois nécessairement les payer plus cher.

ADRIEN.

Pourquoi donc, mon papa?

M. DE VERTEUIL.

Les marchands qui vont faire leurs emplettes dans les campagnes, achètent en gros au paysan son blé, son vin et la dépouille de ses troupeaux. Or, le paysan trouve plus d'un avantage à se défaire de tout cela à la fois.

ADRIEN.

Et quels sont ces avantages, je vous prie.

M. DE VERTEUIL.

D'abord, pour son blé, il se délivre de la peine de le remuer de temps en temps dans son grenier, pour empêcher qu'il ne se gâte, et de la crainte de le perdre en tout ou en partie, soit par les vers ou les rats qui le dévorent, soit par les incendies qui arrivent si fréquemment dans les villages. Ensuite, pour son vin, il épargne ce qui lui en coûterait pour le nourrir dans ses tonneaux, et il n'a plus à craindre d'essuyer une grosse perte, si le vin venait à s'aigrir. Enfin, pour ses laines, il n'a plus à les battre et à les mettre à l'air pour empêcher qu'elles ne s'altèrent.

ADRIEN.

Vraiment, voilà bien des peines et des inquiétudes de moins.

M. DE VERTEUIL.

Toutes ces considérations l'engagent à vendre ces denrées aux marchands, qui les lui achètent toutes à la fois, beaucoup meilleur marché qu'il ne le ferait à toi ou à d'autres qui iraient les lui acheter en détail, d'autant mieux que, touchant à la fois une assez forte somme, il voit mieux l'usage qu'il en peut faire pour faire prospérer de plus en plus sa culture.

ADRIEN.

Oui, en effet, ces raisons me paraissent fort bonnes.

M. DE VERTEUIL.

Ce n'est pas tout encore, mon fils.

ADRIEN.

Et qu'y a-t-il donc de plus?

M. DE VERTEUIL.

Quand le paysan te vendrait en détail quelque partie de ses denrées au même prix qu'il les vend en bloc aux marchands, tu perdrais encore à ne pas les acheter un peu plus cher chez celui-ci.

ADRIEN.

Et pourquoi donc, s'il vous plaît?

M. DE VERTEUIL.

C'est qu'il faudrait te détourner de tes affaires, pour aller faire tes emplettes à la campagne, et ainsi perdre un temps qui peut être précieux, et dépenser de l'argent à louer des chevaaux et une voiture. En sorte que, tout balancé, il t'en coûte moins cher d'aller chez le marchand, et de lui donner quelque profit pour l'avantage que tu as de trouver chez lui, quand tu le désires, les choses dont tu as besoin, et de pouvoir faire ton choix pour le prix et pour la qualité. .

ADRIEN.

Oui, je vois que l'on gagne amplement d'un côté ce que l'on perd de l'autre.

M. DE VERTEUIL.

Ce que je t'ai dit du blé, du vin et de la laine, s'étend à toutes les espèces de choses que l'on appelle marchandises, soit que les marchands les tirent du pays même, soit qu'ils les fassent venir des pays étrangers ; en sorte qu'il n'est rien dans une ville comme celle-ci, qu'il ne soit facile de se procurer dès que l'on en a besoin.

ADRIEN.

Voilà qui est fort commode ; mais les marchands ne peuvent-ils pas profiter de cela pour vous vendre les choses au prix qu'ils veulent ?

M. DE VERTEUIL.

Non, mon ami ; il y a toujours dans chaque ville plusieurs marchands qui vendent les mêmes objets. Ainsi donc, si l'un d'eux voulait faire sur sa marchandise plus de profit qu'il ne doit, tous les acheteurs se détourneraient de son magasin pour aller dans un autre où l'on se contenterait d'un profit raisonnable. C'est ce qui fait qu'un marchand n'ose pas demander plus que ses confrères, de peur qu'on ne vienne plus acheter chez lui, ce qui l'aurait bientôt ruiné. Il suffit donc d'un seul pour arrêter l'avidité de tous les autres ; et le prix de chaque chose s'établit sur un taux juste et modéré.

RICHESSE, CAPITAL, INTÉRÊTS.

M. DE VERTEUIL, ADRIEN, son fils.

M. DE VERTEUIL.

Je t'ai parlé plus d'une fois, Adrien, de gens qui ont de grandes richesses, et qui possèdent de grands biens. Veux-tu que je te dises maintenant en quoi consistent ces biens et ces richesses, et comment on parvient à les acquérir?

ADRIEN.

Ce sera fort utile pour mon instruction, mon papa.

M. DE VERTEUIL.

Le premier de tous les moyens que l'on peut employer pour s'enrichir est de travailler de ses mains. Ainsi, par exemple, le laboureur cultive de ses mains son champ, et le jardinier ses arbres et son potager, l'un pour en retirer du grain, l'autre des fruits et des herbages, qu'ils vendent tous deux à ceux qui en ont besoin. Les personnes qui sont sous leurs ordres travaillent aussi de leurs mains pour recevoir d'eux chaque jour le prix de leur travail. C'est de même que font les charpentiers, les maçons, les menuisiers, les orfèvres, les serruriers, et ceux qui font de la toile ou des étoffes de laine, de coton et de soie, que l'on appelle fabricans. Ils travaillent, tous de leurs mains, eux et leurs ouvriers, pour gagner de l'argent par leur travail, les uns plus, les autres moins.

ADRIEN.

Et c'est avec cet argent qu'ils achètent tout ce qu'il leur faut pour vivre, n'est-ce pas?

M. DE VERTEUIL.

Oui, mon fils. Ceux qui dépensent chaque jour ce qu'ils gagnent par leur travail, sont obligés de travailler sans cesse, et ne deviennent, autant que cela dure, ni plus riches, ni plus pauvres. Mais ceux qui sont actifs, industrieux, économes, et qui font de petites réserves sur leur entretien journalier, ramassent l'argent qu'ils épargnent, pour s'en servir bientôt à en gagner d'avantage.

ADRIEN.

Et comment font-ils, mon papa?

M. DE VERTEUIL.

Ils s'y prennent de différentes manières.

ADRIEN.

Oh! voyons-en une, je vous prie.

M. DE VERTEUIL.

Supposons, par exemple, qu'un homme qui fait de la toile gagne chaque jour plus d'argent qu'il ne lui en faut pour ses besoins et pour ceux de sa famille. Lorsqu'il est parvenu à ramasser une petite somme de ses économies, il va chercher un garçon qui sache son métier, et qui veuille travailler auprès de lui, et il lui dit : Si vous voulez venir faire de la toile chez moi, je vous fournirai tout le fil dont vous aurez besoin, et je vous donnerai de plus tant de sous par jour pour votre peine ; mais, à cette condition, toute la toile que vous ferez m'appartiendra, et je pourrai la vendre à mon profit.

ADRIEN.

Oh! oui, mon papa; je comprends. C'est comme vous m'avez dit autrefois, que vous aviez fait avec Louis le jardinier, pour l'entretien de votre jardin.

M. DE VERTEUIL.

C'est exactement la même chose, mon fils. Lorsque la convention est acceptée, cet homme, que l'on appelle maître, parce que le garçon travaille sous ses ordres, lui donne de la toile à faire et la revend ensuite un peu plus d'argent qu'il ne lui en coûte pour payer le fil et le garçon, et ce surplus est son gain. Ainsi il gagne de l'argent, non-seulement avec la toile qu'il fait lui-même, mais encore avec celle que son garçon lui fait. Son entretien cependant ne lui coûte pas plus; et ainsi il amasse encore plus d'argent qu'il ne faisait auparavant.

ADRIEN.

Oui, mon papa, cela est clair. Mais cet argent, qu'en fait-il?

M. DE VERTEUIL.

S'il n'a pas une manière plus avantageuse de l'employer, il s'en sert pour mettre un plus grand nombre d'ouvriers au travail, et pour gagner ainsi encore plus d'argent. De cette façon, plus il va, plus il fait travailler de bras pour son compte, et par conséquent plus il s'enrichit.

ADRIEN.

Mais, mon papa, en travaillant pour eux-mêmes, les ouvriers ne gagneraient-ils pas plus d'argent que le maître ne leur en donne?

M. DE VERTEUIL.

Oui, sans doute, mon fils, puisque le maître a la plus grande partie du produit de leur travail; mais les ouvriers ne sont pas en état de travailler pour leur compte.

ADRIEN.

Et pourquoi donc, je vous prie?

M. DE VERTEUIL.

Pour faire de la toile, il faut du fil, un métier et des outils; il faut encore prendre à loyer une maison, et tout cela coûte de l'argent. Mais ceux qui louent leur travail à la journée n'ont point d'argent, et par conséquent ils sont hors d'état de faire toutes les dépenses nécessaires pour s'établir. Il faut donc qu'ils aillent travailler chez ceux qui peuvent le faire; et ce sont ceux-ci qui ont le produit de leur travail, en leur payant chaque jour le prix de leur journée pour les faire subsister.

ADRIEN.

Les pauvres gens, que je les plains!

M. DE VERTEUIL.

Et moi aussi, mon fils; mais ils ont au moins l'espérance de parvenir, par leur économie, à se faire à leur tour un petit établissement.

ADRIEN.

Il est vrai, puisque les maîtres ont commencé comme eux.

M. DE VERTEUIL.

Ce que je t'ai dit du tisserand, tu sens à merveille que cela s'étend à tous les autres fabricans, quelque soit leur métier.

ADRIEN.

Oui, mon papa, ce doit être la même chose pour tous ceux qui travaillent de leurs mains.

M. DE VERTEUIL.

Le second moyen de gagner de l'argent est le commerce que l'on fait aussi de diverses manières. Par exemple, on commence par acheter quelques petites marchandises que l'on revend avec un peu de profit.

ADRIEN.

Oui, mon papa; comme ces petits marchands qui courent les rues.

M. DE VERTEUIL.

Eh bien, mon fils, lorsqu'un de ces petits marchands dont tu parles gagne chaque jour assez d'argent pour n'avoir pas besoin de l'employer en entier à sa subsistance et à son entretien, il emploie le surplus à acheter plus de marchandises qu'auparavant, ou a en acheter d'un plus grand nombre d'espèces; et alors il fait d'autant plus de profit, qu'il achète et revend d'avantage. En étendant ainsi peu à peu son commerce, plus il va, plus il s'enrichit; et il y a un grand nombre d'exemples de ces petits marchands qui sont devenus à la fin les plus riches particuliers de leurs pays.

ADRIEN.

Mais, mon papa, lorsqu'ils sont devenus riches, que font-ils de cet argent? le dépensent-ils?

M. DE VERTEUIL.

Ceux qui sont sages ne le dépensent pas tout. Ils font, à la vérité, beaucoup plus de dépenses lorsqu'ils sont riches, qu'il n'en faisaient lorsqu'ils étaient pauvres; mais il y a aussi beaucoup de gens qui gagnent plus à faire le commerce ou à cultiver les terres, ou à faire travailler des ouvrier dans leurs fabriques, qu'ils ne sauraient en dépenser en vivant avec la plus grande aisance.

ADRIEN.

Que peuvent-ils donc faire de ce surplus, à moins de le garder dans leurs coffres?

M. DE VERTEUIL.

Dans leurs coffres il ne leur rapporterait rien. Ils ne l'y gardent qu'en attendant l'occasion de s'en servir avec avantage en le plaçant de manière qu'il leur rapporte un nouveau profit.

ADRIEN.

Et comment le placent-ils?

M. DE VERTEUIL.

Ils peuvent le faire encore de diverses manières. Par exemple, ils achètent la maison où ils demeurent; ou d'autres maisons qu'ils louent pour une certaine somme d'argent par an; et cette somme accroît encore leurs richesses, s'ils ne préfèrent pas de s'en servir pour augmenter leur dépense. Lorsqu'ils ne veulent pas acheter de maison, ou qu'ils en possèdent assez, ils achètent des pièces de terre.

ADRIEN.

Et que font-ils de ces pièces de terre, mon papa?

M. DE VERTEUIL.

Ils les font cultiver à leur profit, ou, s'ils veulent s'épargner ce soin, ils ne manquent pas de fermiers qui les prennent en ferme moyennant une certaine somme qu'ils leur paient par an.

ADRIEN.

Et pourquoi les fermiers prennent-ils ces terres en ferme?

M. DE VERTEUIL.

Pour les cultiver et y faire venir du blé, ou bien pour y faire nourrir du bétail, si ces terres sont en prairies. De l'une ou de l'autre de ces manières, les fermiers gagnent plus d'argent qu'ils n'en donnent pour le prix de leur ferme. Ce prix annuel, que le maître de la terre reçoit, grossit ses revenus, et par conséquent sa richesse; et, quoiqu'il ait affermé cette terre, il en conserve la propriété, parce que c'est seulement son usage qu'il cède au laboureur, pour le prix que celui-ci lui en donne tous les ans, pendant un certain nombre d'années dont ils sont convenus.

ADRIEN.

Et lorsque ce nombre d'années s'est écoulé, mon papa?

M. DE VERTEUIL.

Alors le maître de la terre peut en faire ce qu'il lui plaît, c'est-à-dire, la cultiver lui-même, ou la donner une seconde fois en ferme au même fermier, ou prendre un autre fermier qui lui en donne davantage.

ADRIEN.

Mais si avant ce temps un second lui en présentait un meilleur prix, est-ce qu'il ne pourrait pas l'accepter?

M. DE VERTEUIL.

Non, sans doute, mon fils; le fermier en faisant un bail, c'est-à-dire, en faisant un traité avec le maître de la terre pour en jouir pendant un certain nombre d'années déterminé, a dû être assuré que pendant tout ce temps il ne serait pas troublé dans sa jouissance. C'est dans cette assurance qu'il sème, qu'il plante, qu'il défriche; et il ne serait pas juste, lorsqu'il aurait fait toutes ces améliorations, qu'un autre survînt pour en profiter.

ADRIEN.

Oui, vous avez raison, mon papa.

M. DE VERTEUIL.

Revenons au propriétaire de la terre. Aussi longtemps qu'il en reste possesseur, c'est-à-dire qu'il ne la revend pas à un autre, sa richesse s'accroît tous les ans de la somme que son fermier lui paie.

ADRIEN.

Oui, mais si son fermier ne le paie pas?

M. DE VERTEUIL.

Il se garde bien d'y manquer; car en ce cas il serait exposé à voir vendre tous ses meubles et tous ses outils au profit du maître de la terre, et même à voir casser son bail.

ADRIEN.

Oh! je sens que cela doit le rendre exact à ses paiemens.

M. DE VERTEUIL.

Il est encore une autre manière de faire usage de son argent, ou, comme on dit, de le placer, en sorte qu'il rapporte un certain profit sans avoir besoin d'acheter ni terres ni maisons, ni d'établir des fabriques, ou de faire le commerce.

ADRIEN.

Oh! voyons, s'il vous plaît; je ne devine pas ce moyen.

M. DE VERTEUIL.

Lorsqu'on veut acheter une maison ou une terre, ou que l'on veut étendre davantage son commerce ou ses fabriques, et que l'on n'a pas assez d'argent pour cela, alors on cherche quelqu'un qui ait de l'argent à placer. Si cette personne sait que moi, par exemple, j'ai une certaine somme oisive dans mes coffres, elle vient me trouver, et me dit : Si vous voulez me prêter trois mille francs pour un tel nombre d'années (cinq ans si tu veux), je vous donnerai chaque année cent cinquante francs, et, au bout de cinq ans, je vous rendrai vos trois milles francs tout entiers. Si je consens à cette proposition, parce que la personne me paraît honnête et en état de me payer, je lui compte la somme. En la recevant, elle me donne en échange un papier où elle déclare me devoir trois mille francs, pour lesquels elle s'oblige de me donner cent cinquante francs chaque année, et de me rendre mes trois mille francs en entier au bout de cinq ans. Elle met sa signature au bas de ce papier; et c'est ce qu'on appelle un billet ou une obligation. La somme que je lui prête s'appelle capital, et les cent cinquante francs qu'elle me donne chaque année s'appellent rente ou intérêt.

ADRIEN.

Il me semble, mon papa, que cette personne ne gagne pas beaucoup à ce marché.

M. DE VERTEUIL.

Pourquoi le penses-tu, mon fils? c'est sans doute parce qu'elle ne reçoit que trois mille francs, et que, pour cette somme, elle me donne d'abord cent cinquante francs tous les ans, et qu'au bout de cinq années, elle n'en est pas moins obligée de me rendre mes trois mille francs tout entiers.

ADRIEN.

Oui, vraiment; n'est-ce pas une duperie de sa part?

M. DE VERTEUIL.

Non, pas autant que tu pourrais l'imaginer. Elle y gagne plus que moi, peut-être.

ADRIEN.

Et comment cela, je vous prie?

M. DE VERTEUIL.

C'est qu'elle n'emprunte ces trois mille francs que pour les employer d'une manière qui lui rapporte, tous les ans, au-delà de cent cinquante francs qu'elle me donne. Si elle achète, par exemple, pour cette somme, une pièce de terre qu'elle trouve à affermer cent quatre-vingts francs, tu vois déjà que c'est trente francs qu'elle gagne. Mais elle met ces trois mille francs dans son commerce ou dans ses fabriques, elle peut aisément gagner davantage lorsque ses affaires vont bien. Il n'y a donc pas de perte pour elle, mais souvent, au contraire, un grand profit à me donner cent cinquante francs par an de mes trois mille francs.

ADRIEN.

Mais, mon papa, est-il bien honnête de prêter de l'argent à quelqu'un pour en tirer du profit?

M. DE VERTEUIL.

Pourquoi non, mon fils? Nous avons vu l'autre jour que l'argent était le signe représentatif de toutes les valeurs. Une somme de trois mille francs représente donc un champ que j'achèterais à ce prix. Or, si je puis honnêtement affermer un champ que j'achète, ne puis-je pas de même affermer pour ainsi dire l'argent avec lequel je l'aurais acheté?

ADRIEN.

En effet l'un vaut l'autre.

M. DE VERTEUIL.

Lors donc qu'une personne désire que je lui prête mes trois milles francs dont j'aurais pu faire usage moi-même, il est juste qu'elle me donne tous les ans une rente qui réponde à ce que ces trois mille francs m'auraient rapporté si je les avaient employés comme elle. Autrement je serais un insensé de me priver, sans aucun dédommagement, d'une somme qui m'aurait rapporté un revenu honnête, pour la mettre entre les mains d'une autre personne qui s'en ferait elle-même un revenu.

ADRIEN.

Oh! c'est clair.

M. DE VERTEUIL.

Je puis cependant renoncer à recueillir le fruit d'un argent acquis par mon travail ou ménagé par mon économie, lorsqu'il s'agit d'obliger un ami ou de secourir un malheureux qui peut se tirer d'embarras par ce moyen. C'est alors que je me reprocherais de recevoir l'intérêt de l'argent que je leur aurais prêté, puisque j'aurais déjà trouvé cet intérêt dans la satisfaction que mon cœur éprouve à les obliger. Mais si un étranger m'emprunte pour s'enrichir, n'est-il pas raisonnable qu'il me donne une partie du gain qu'il fait avec mon argent, pour me tenir lieu du gain que j'aurais pu faire moi-même si je l'avais employé?

ADRIEN.

Rien de plus juste, mon papa; mais n'est-il pas d'autres moyens de placer son argent?

M. DE VERTEUIL.

Il en est un autre encore que je veux te dire; mais, pour que tu puisses mieux le comprendre, il est nécessaire de te parler auparavant d'un autre objet dont il importe que tu sois instruit. Tu as souvent entendu dire, surtout pendant ces derniers temps, que l'état est obligé de faire beaucoup de dépenses, et que les citoyens, pour fournir à ces dépenses, paient différentes impositions?

ADRIEN.

Oui, mon papa.

M. DE VERTEUIL.

Dans un état bien administré, ces impositions ne s'élèvent qu'à la somme justement nécessaire pour les frais de l'administration, ou seulement à quelque chose de plus que l'on tient en réserve pour parer à des événemens imprévus.

ADRIEN.

Et quels peuvent-être ces événemens imprévus, je vous prie?

M. DE VERTEUIL.

Je me bornerai à te citer celui du moment : la crainte d'une guerre qui nous oblige de faire des préparatifs pour n'être pas surpris.

ADRIEN.

Oui, je comprends.

M. DE VERTEUIL.

Mais quand la guerre arrive en effet, alors l'état se trouve avoir besoin de plus d'argent que les impôts n'en rapportent, et il a besoin de très-fortes sommes à la fois. Dans une pareille circonstance, où il n'est pas possible d'établir tout de suite de nouvelles impositions, l'état dit aux citoyens : Si vous voulez me prêter de l'argent pour lever des troupes, armer des vaisseaux, et pourvoir à tous les besoins de la guerre, alors, sur les nouveaux impôts qu'il faudra établir pour la dépense extraordinaire que la guerre va occasioner, je vous paierai, tous les ans, cinquante francs pour chaque somme de mille francs que vous me prêterez, et cela jusqu'à ce que les nouveaux impôts et mes économies m'aient mis en état de vous payer en entier la somme que vous m'aurez prêtée.

ADRIEN.

Oui, oui, je conçois à merveille. L'état fait alors comme le particulier dont vous me parliez, et qui emprunte l'argent qui lui manque pour faire aller ses affaires.

M. DE VERTEUIL.

C'est justement la même chose, Aussi l'état donne-t-il, de même que ce particulier, des billets ou obligations à celui qui lui prête son argent. Ainsi, pour chaque somme de mille francs que je prête à l'état, il me donne un billet dans lequel il déclare qu'il a reçu de moi la somme de mille francs, et que, pour cette somme, il me paiera à moi, ou à telle autre personne à qui j'aurai cédé mon droit, cinquante francs d'intérêt par an, jusqu'à ce qu'il m'ait rendu en entier la somme que je lui ai prêtée.

ADRIEN.

Un mot d'explication, mon papa, je vous prie. Vous dites qu'il paiera ces cinquante francs d'intérêt à telle autre personne à qui vous aurez cédé votre droit? Je ne comprends pas bien cela.

M. DE VERTEUIL.

Je vais te l'expliquer. Avec le billet d'état que j'ai reçu pour la somme que j'ai prêtée, je puis aller tous les ans demander aux payeurs des rentes de l'état la somme de cinquante francs d'intérêt, pour l'année qui vient de s'écouler; mais je ne puis redemander, lorsque je le veux, le capital de mille francs que j'ai prêtés, parce que l'état n'a pas toujours assez d'argent en caisse pour rembourser les sommes qu'il a empruntées au moment précis où les prêteurs voudraient les ravoir. Il faudra attendre le terme dont on est convenu.

ADRIEN.

Voilà ce qui est fort incommode, mon papa, de ne pouvoir pas ravoir son argent lorsqu'on en a besoin.

M. DE VERTEUIL.

Cela est vrai, mon fils. Mais, lorsqu'on a prêté de l'argent jusqu'à une certaine époque, on devait savoir qu'on n'en serait pas remboursé avant ce temps.

ADRIEN.

Cela ne laisse pas cependant d'être fâcheux; car on pourrait mourir de faim avec son chiffon de papier.

M DE VERTEUIL.

Rassure-toi, mon ami. Il est heureusement une autre manière de ravoir son argent lorsqu'on le désire; ce qui revient au même.

ADRIEN.

Ah! tant mieux. Mais comment donc faire en pareil cas?

M. DE VERTEUIL.

Aussitôt que j'ai besoin des mille francs que j'ai prêtés à l'état, je vais trouver la première personne qui a de l'argent à placer, et je lui dis : Voici une obligation par laquelle l'état reconnaît me devoir la somme de mille francs de capital, avec cinquante francs d'intérêt par an. Si vous voulez me rembourser les mille francs, et me payer l'intérêt échu jusqu'à ce jour, je vais vous céder mon obligation; de cette manière, vous pourrez, à la fin de chaque année, aller toucher à ma place, du payeur des rentes, les cinquante francs d'intérêt annuel. Et lorsque le temps que l'état a pris pour s'acquitter du capital sera arrivé, c'est à vous qu'il le remboursera, puisque je vous transporte mon droit. Cette personne accepte avec plaisir ma proposition, parce qu'elle trouve ainsi le moyen de tirer l'intérêt du capital qui était oisif dans ses coffres, et que, si elle vient à avoir besoin de son argent, elle pourra faire avec une autre personne ce que je viens de faire avec elle. C'est ainsi que les obligations passent de main en main, jusqu'au moment où l'état les rembourse.

ADRIEN.

Rien de plus commode, en effet, mon papa.

M. DE VERTEUIL.

Revenons maintenant à notre premier objet. Tu peux comprendre, d'après tout ce que nous avons dit, que celui qui a des terres, des maisons et des obligations dont il retire un revenu annuel, et qui, au lieu de dépenser tout ce revenu, en réserve une partie pour acheter encore d'autres terres, d'autres maisons et d'autres obligations, doit, d'année en année, devenir plus riche.

ADRIEN.

Cela est clair.

M. DE VERTEUIL.

Sa richesse s'accroît ainsi, quoiqu'il ne travaille pas de ses mains pour gagner de l'argent, quoiqu'il n'établisse pas de fabriques, ou qu'il ne fasse pas de commerce; parce que l'excédent de son revenu sur sa dépense grossit tous les ans son capital, et son capital, en grossissant, augmente chaque année son revenu.

ADRIEN.

Il n'est rien de si aisé à concevoir.

M. DE VERTEUIL.

La richesse de cet homme s'accroît encore davantage, s'il exerce ses talens en qualité d'avocat ou de notaire, ou s'il a quelque emploi pour lequel il reçoive des appointemens : plus il gagne dans ses fonctions, plus il économise sur ses revenus.

ADRIEN.

Et par conséquent, plus il peut s'enrichir. Je ne m'étonne pas s'il y a des gens qui possèdent tant de bien !

M. DE VERTEUIL.

Il est vrai. Il y en a d'autres, au contraire, qui

aiment mieux dépenser tout leur revenu, et ceux-là ne deviennent ni plus pauvres ni plus riches; mais leur fortune reste toujours dans le même état.

ADRIEN.

A la bonne heure.

M. DE VERTEUIL.

D'autres enfin dépensent plus qu'ils n'ont de revenus, sans rien gagner d'ailleurs pour réparer la brèche qu'ils font ainsi chaque année à leur capital. Ceux-là, comme tu le sens à merveille, plus ils vont, et plus ils deviennent pauvres; et ils finissent souvent pour souffrir le besoin dans leur vieillesse, après avoir joui de l'aisance dans leurs premières années.

ADRIEN.

Voilà de grands fous, ce semble.

M. DE VERTEUIL.

Oui, sans doute, mon fils, et ils méritent bien leur sort; mais leurs pauvres enfans, que je les plains! Il aurait bien mieux valu pour eux qu'ils fussent nés dans la pauvreté.

ADRIEN.

Pourquoi donc, mon papa, je vous prie?

M. DE VERTEUIL.

Lorsque les parens viennent à mourir, ils laissent tous les biens qu'ils possèdent à leurs enfans, qui les partagent entre eux; mais, lorsque les parens ont dissipé leurs biens, ils ne peuvent rien laisser à leurs enfans, qui sont alors aussi pauvres que les parens l'étaient avant de mourir. Il faut donc que ces enfans se livrent au travail le plus pénible, pour avoir de quoi vivre; et cela leur est d'autant plus dur, qu'ils n'y sont pas accoutumés; et qu'au lieu d'avoir appris aucun métier pour gagner leur vie, ils ont, au contraire, été nourris dans la mollesse, tandis que leurs parens jouissaient d'une fortune aisée. Tu vois donc que ces pauvres enfans sont plus malheureux de leur bonheur passé, qu'ils ne le seraient d'être nés dans la misère, parce qu'alors du moins ils auraient appris de bonne heure à mener une vie dure et à gagner leur pain.

ADRIEN.

Oui, cela n'est que trop vrai, mon papa; mais, lorsque les parens sont riches, les enfans sont-ils riches aussi?

M. DE VERTEUIL.

Cela n'arrive pas toujours. Si des parens n'ont qu'un seul enfant, cet enfant, en héritant de leurs biens, est lui seul aussi riche que son père et sa mère l'étaient ensemble. S'il y a deux enfans, ils partagent la succession, et chacun d'eux est alors aussi riche que leur père et leur mère l'étaient séparément; mais, s'ils sont quatre, cinq, huit, dix enfans, ou même davantage, il se trouve, par le partage des biens, que chacun des enfans n'a qu'un quart, un cinquième, un huitième, un dixième, ou moins encore, de ce que leurs parens possédaient ensemble. C'est ainsi qu'il arrive souvent que les enfans de parens très-riches ne sont pas riches eux-mêmes, lorsque les parens n'ont pas travaillé à accroître leurs biens en proportion de leur famille ; car si le père et la mère avaient ensemble dix mille francs de rente, et qu'ils aient laissé dix enfans, chacun des enfans n'a plus que mille francs de rente pour sa portion ; ce qui fait, comme tu le vois, une très-grande différence.

ADRIEN.

Et que font alors ces enfans, mon papa?

M. DE VERTEUIL.

Ils cherchent, chacun de son côté, à se faire un état. L'un se retire à la campagne, et vit du produit de ses terres ; l'autre établit une manufacture ; celui-là entre dans la robe ou dans le service militaire ; les autres enfin cherchent à obtenir des emplois. Ainsi chacun d'eux travaille à se tirer d'affaire, et quelquefois ils deviennent tous aussi riches que l'étaient leurs parens.

ADRIEN.

Ils doivent avoir bien de la peine. Il aurait bien mieux valu pour eux que chacun fût d'abord assez à son aise pour n'être pas obligé de travailler.

M. DE VERTEUIL.

Ils auraient peut-être gagné à cet arrangement beaucoup moins que tu ne penses, mon fils. Il y a beaucoup d'hommes qui, dès leur jeunesse, ont eu assez de fortune pour n'avoir eu besoin de rien faire, et qui se sont contentés de vivre du revenu de leurs maisons, de leurs terres et de leurs obligations. Il semble, au premier coup d'œil, qu'ils doivent être les personnes les plus heureuses de la terre. Mais, lorsqu'on y regarde de près, on voit que c'est justement parmi ces riches qui n'ont rien à faire, que se trouvent les êtres les plus maladifs, les plus tristes et les plus mécontens de leur état.

ADRIEN.

Et pourquoi donc, mon papa, je vous prie?

M. DE VERTEUIL.

D'abord, l'oisiveté dans laquelle ils croupissent les rend lourds et fainéans. Ensuite l'usage d'une nourriture friande et délicate affaiblit leur estomac. Enfin, comme ils n'ont pas d'occupations fixes et nécessaires, ils ne savent, pendant la plus grande partie du jour, comment employer leur temps, et ils se voient dévorer par l'ennui, ce qui est peut-être le plus grand des malheurs.

ADRIEN.

En ce cas-là, je les plains.

M. DE VERTEUIL.

On voit, au contraire, que ceux qui sont forcés, par la médiocrité de leur fortune, de mener une vie simple et frugale, jouissent ordinairement d'une bonne santé; que ceux qui ont un travail journalier qui les occupe, sont vifs, joyeux, ne s'ennuient jamais, et que la pensée d'être utiles aux autres et à eux-mêmes par leurs travaux, leur donne une satisfaction intérieure que les oisifs ne connaissent pas, et dont ils ne peuvent pas même se former une idée. Tu vois par là, mon fils, que, pour vivre heureux, il s'agit moins d'être riche que de savoir employer son temps. C'est une observation que je te prie de bien retenir, pour t'assurer toi-même de sa vérité dans toutes les circonstances de ta vie.

ADRIEN.

Oh! oui, mon papa, je vous le promets.

M. DE VERTEUIL.

Il y a encore une autre chose à remarquer dans ce que nous disions tout-à-l'heure.

ADRIEN.

Et quoi donc, je vous prie!

M. DE VERTEUIL.

Lorsqu'il y a beaucoup d'enfans dans une famille, il est tout naturel de prévoir que ces enfans seront infiniment moins riches que leurs parens.

ADRIEN.

Oui, en effet, vous venez de me le démontrer.

M. DE VERTEUIL.

Les parens, s'ils sont sages, doivent donc alors se garder avec soin d'accoutumer leurs enfans à mener une vie aussi aisée que celle qu'ils mènent eux-mêmes. Ils doivent, au contraire, leur faire prendre l'habitude du travail et de la frugalité; et les enfans, à qui l'on aura eu soin d'inspirer cette réflexion, sentiront d'eux-mêmes qu'une pareille éducation leur devient nécessaire.

ADRIEN.

Oh! oui, sans doute; m'en voilà convaincu pour ma part.

M. DE VERTEUIL.

Une vie frugale et laborieuse n'est un malheur que pour ceux qui, dès leur enfance, ont été nourris dans la mollesse. Mais celui qui est accoutumé de bonne heure au travail et à la sobriété, sait y trouver ses plus doux plaisirs. Une fortune modérée remplira son ambition, tandis qu'elle ne paraîtrait aux autres qu'une situation indigente, dont ils n'auraient pas même le courage de chercher à sortir, par l'exercice d'une sage industrie.

ADRIEN.

Oh! les lâches!

M. DE VERTEUIL.

Tu le vois, mon ami, tout dépend de l'éducation; et c'est pour cela que les pères ne peuvent jamais veiller avec trop de soin sur les idées et les habitudes qu'ils voient prendre à leurs enfans, parce que c'est ordinairement à ces premières dispositions qu'est attaché le bonheur ou le malheur du reste de leur vie.

ADRIEN.

O mon papa! veillez donc sur les miennes, je vous en conjure. Je m'abandonne entièrement à votre sage tendresse.

M. DE VERTEUIL, *en l'embrassant.*

Oui, mon chère Adrien, j'en ferai mon devoir et mon plaisir. Je tâcherai, surtout, de t'apprendre de bonne heure à ne pas craindre le travail, et à te contenter de la situation à laquelle la Providence te destine. Si elle est fortunée, l'esprit de modération que tu auras contracté dès l'enfance te défendra contre le danger naturel d'abuser de la prospérité. Si elle est sujette à quelques embarras, tu auras la patience et le courage nécessaires pour combattre et vaincre l'infortune. Les inspirations d'un cœur honnête te diront toujours le parti qu'il te faudra prendre, et tu ne pourras jamais manquer d'être intérieurement heureux, dans quelque état que tu puisses te trouver.

FIN DU LIVRE DE FAMILLE.

TABLE

DES PIÈCES CONTENUES DANS

LE LIVRE DE FAMILLE.

L'Obéissance. . . . . *Pages* 5
La Justice. 10
La Fidélité à sa parole. 20
L'Utile avant l'Agréable. 26
La Propriété, ou le Tien et le Mien. 33
Les Chats. 44
Les Egards dus à nos serviteurs. 47
Le Vol. 53
Le Travail. 59
Le Danger de crier pour rien. 65
La Conscience. 70
Les OEufs. 82
La Toile, le Papier. 89
Les Chiens. 96
Le Beurre. 102
Tout un Pays réformé par quatre Enfans. . . . 109
L'Air. 134
La Croissance des Plantes. 140
La Pluie. 147
Les Vapeurs. 150
Les Nuages. 154

La Pluie.	161
Les Suites fâcheuses de la Colère.	166
Les cinq Sens.	174
Les Sensations.	184
L'Ame des Bêtes.	188
L'Homme supérieur aux Animaux.	195
Imagination.	202
Mémoire.	206
Raisonnement, Jugement.	209
Liberté, Volonté.	217
Fable, Conte, Histoire.	221
Les Bœufs en querelle, Fable.	227
L'Aveugle et le Boiteux, Conte.	235
Besoins généraux et particuliers des hommes.	241
Les avantages de la Société.	248
Monnaie, Commerce, Marchands	261
Richesse, Capital, Intérêts.	274

FIN DE LA TABLE DU LIVRE DE FAMILLE.

www.ingramcontent.com/pod-product-compliance
Lightning Source LLC
Chambersburg PA
CBHW071141160426
43196CB00011B/1970